POR DIOS, YO…
Los pactos bíblicos

POR DIOS, YO...
Los pactos bíblicos

David Pawson

Anchor Recordings

Traducido por Alejandro Field
Esta traducción internacional en español se publica por primera vez
en Gran Bretaña en 2015 por
Anchor Recordings Ltd
DPTT, Synegis House, 21 Crockhamwell Road,
Woodley, Reading RG5 3LE

**Si desea más del material de enseñanza de David Pawson,
incluyendo DVDs y CDs, vaya a
www.davidpawson.com
PARA DESCARGAS GRATUITAS
www.davidpawson.org
Libros de David Pawson disponibles de
www.davidpawsonbooks.com
info@davidpawsonministry.org**

ISBN 978-1-911173-45-8

Impreso por Lightning Source

Índice

Este libro está basado en una serie de charlas. Al tener su origen en la palabra hablada, muchos lectores encontrarán que su estilo es algo diferente de mi estilo habitual de escritura. Es de esperar que esto no afecte la sustancia de la enseñanza bíblica que se encuentra aquí.

Como siempre, pido al lector que compare todo lo que digo o escribo con lo que está escrito en la Biblia y, si encuentra en cualquier punto un conflicto, que siempre confíe en la clara enseñanza de las escrituras.

David Pawson

Prólogo

UNA EXPLICACIÓN PREVIA

"Juro por Dios Todopoderoso que la evidencia que daré será la verdad, toda la verdad y nada más que la verdad"[1]. Cualquier persona que haya asistido a un juicio estará familiarizada con esta fórmula. Pero ¿qué significa?

Es un vestigio de un tiempo en que la mayoría de las personas tomaba en serio a Dios. La intención era poner el temor divino en el testigo, recordándole que Dios puede castigar —y castigará— severamente a todos los mentirosos, en especial los que juran no hacerlo. Es invocar un poder más alto y más grande que el propio para destruir a toda persona que rompa un voto hecho en su presencia. Debía ser un momento sumamente solemne en un juicio.

La persona pronuncia estas palabras mientras sostiene una Biblia en la mano por dos razones. Primero, identifica qué Dios estaba siendo llamado como testigo, a saber, el Dios de los judíos (que incluye a Jesús). La Biblia deja muy en claro cómo tratará Dios los votos incumplidos pronunciados "ante" él. Él está presente en todas partes, así que escucha cada palabra (Deuteronomio 23:21).

El ejemplo clásico es Jefté, en Jueces 11. Pidió al Señor que le diera la victoria sobre los amonitas, y juró irreflexivamente que sacrificaría lo que saliera a encontrarse con él cuando volviera victorioso (claramente esperaba que fuera un animal, tal vez una mascota), en gratitud por la oración contestada. Pero lo que lo recibió resultó ser una *ella*, su propia y única hija. Ella, por temor a la ira de Dios contra su padre, entregó su vida voluntariamente y, con ello, toda esperanza de casarse. Es una de las historias más aleccionadoras de la Biblia, y un recordatorio solemne de que los juramentos hechos a los oídos de Dios deben ser cumplidos.

Pero los tiempos han cambiado. La ira divina ya no es considerada como una amenaza. Las personas no temen a Dios ni al infierno; ni siquiera creen en ellos.

Jurar "por Dios" ha prácticamente desaparecido, excepto en los tribunales, donde se ha convertido en un rito trivial, más tradición que verdad. Muchos que sostienen la Biblia en la mano nunca la han abierto o leído. Lo más cerca que llegan a un juramento de este tipo es cuando dicen sorprendidos: "¡Dios mío!", sea lo que signifique. Entonces, ¿cuál es el motivo de la frase "Por Dios" en la primera mitad del título de un libro sobre pactos bíblicos? Simplemente porque Dios jura, especialmente cuando hace pactos importantes (como con Abraham). Sin embargo, no hay nadie más alto, más grande o más fuerte que él mismo por quien jurar y que lo haga cumplir su juramento. Que Dios jure "por Dios" sonaría muy extraño, casi una tautología (una repetición innecesaria, como "retroceder hacia atrás"). En cambio, él jura "por mí mismo". Esto es aún más serio, no menos. Dios dice que se destruirá a sí mismo antes de romper su promesa. La idea de un suicidio divino debería estremecernos: Dios es extremadamente serio.

Lo cual me lleva a la segunda parte de mi título, "yo… ". Es un recordatorio de que, en el corazón de todo pacto yace una promesa o, en algunos casos, varias promesas que siempre comienzan con esta palabra, explícita o implícita, seguida de un compromiso. Recorre toda la Biblia, generalmente en boca de Dios y subrayando su gracia asombrosa cuando hace promesas solemnes a sus criaturas.

Me sorprendería si esta expresión de compromiso (yo...) no trajera recuerdos de bodas a mis lectores, ya sea la propia o la de otros. Para Dios, todos los matrimonios son pactos, "formalizados" (¡qué palabra significativa!) en un edificio de iglesia, en un registro civil o en cualquier otra parte. Él es testigo de todos los votos matrimoniales, ya que siempre está presente. Por eso odia el divorcio (Malaquías 2:16) y por eso Jesús dijo que el nuevo matrimonio después del divorcio es un adulterio continuo (Lucas 16:18). Las promesas matrimoniales han sufrido la misma devaluación que los juramentos. El matrimonio pasó de ser un pacto a un mero contrato. Si una parte incumple sus obligaciones, se considera que la otra está libre para buscar en otro lado. "Hasta que la muerte nos separe" pasó a ser el título de una telecomedia. El anillo (un símbolo de amor *interminable*) puede sacarse tan fácilmente como fue puesto. No es necesario considerar los juramentos hechos de manera sincera en la boda como vinculantes para toda la vida, especialmente cuando las cosas se ponen peores en vez de mejores, más pobres en vez de más ricos, más enfermas que saludables.

Pero cuando Dios dice "yo... " lo dice en serio, de manera absoluta. Pero como veremos, a veces sus pactos son condicionales a un compromiso en respuesta nuestro: "cumpliremos ..." (Éxodo 19:8). El pacto, entonces, no es cancelado cuando nosotros lo rompemos, pero sus bendiciones son reemplazadas por sus maldiciones (Deuteronomio 28).

Esto explica mi título breve y abrupto. Ahora siga leyendo.

Nota

Mi editor quiere que recuerde a los lectores que hay una historia de cristianos que se han rehusado a hacer cualquier juramento, aun en un tribunal de justicia. Han tomado en serio la prohibición del Señor de hacer toda clase de juramento (Mateo 5:33-37). Jesús también estaba consciente de que los judíos de su tiempo creían que podían evadir la retribución divina por juramentos rotos si juraban por algo más grande que ellos (el cielo, la tierra, Jerusalén), con lo cual evitaban el nombre de Dios mismo. Para él, sin embargo, todas estas cosas estaban conectadas con Dios, que considera a esos juramentos con la misma seriedad. Luego dijo a sus discípulos que la integridad y la confiabilidad de las palabras debían ser lo único necesario. Los intentos por asegurar la veracidad con cualquier palabra adicional provienen del diablo, el "padre de la mentira" (¿incluirá esto la palabra "honestamente"?).

Los cristianos hoy no tienen que temer ser encarcelados por rehusarse a jurar sobre la Biblia en un tribunal. Tienen la opción de hacer una "declaración solemne" de decir la verdad. Pero aun eso va más allá del consejo de nuestro Señor de que nuestro "sí" sea "sí" y nuestro "no" sea "no".

Solo usé la práctica actual en un tribunal para ilustrar el juramento "por Dios", y no para aprobar su práctica. Pero hay algunas cosas que no debemos hacer, y que nuestro Dios santo puede hacer y hace. Y jurar por Dios (él mismo) es una de ellas.

1

¿QUÉ ES UN PACTO?

¿Alguna vez se preguntó por qué muchas iglesias bautizan bebés, algunas bautizan niños y otras bautizan solo adultos? ¿Alguna vez se preguntó por qué algunas iglesias le enseñan que "diezme" sus ingresos (dando una décima parte de su dinero a la iglesia) mientras que otras dependen de ofrendas voluntarias? ¿Alguna vez se preguntó por qué algunas iglesias tienen culto el domingo, otras el sábado o aun el viernes por la noche? ¿Alguna vez se preguntó por qué algunas iglesias tienen sacerdotes, altares, incienso y velas, y otras no? ¿Alguna vez se preguntó por qué algunas iglesias casan a personas divorciadas y otras se rehúsan a hacerlo? ¿Alguna vez se preguntó por qué algunas iglesias apoyan a Israel, y otras no?

Sin embargo, todas estas iglesias usan la misma Biblia y dicen ponerla en práctica. Es algo desconcertante, ¿no es cierto? Tenemos que encontrar algún camino a través de esta variedad de opiniones e intentar descubrir la verdad. Todo se reduce a un entendimiento de la Biblia.

¿Qué palabra revelará cuál es el mensaje de toda la Biblia? Hay dos candidatos para esa palabra clave. Una, es "reino", pero esta palabra, si bien recorre toda la Biblia, cambia de significado. En el Antiguo Testamento, es el reino de Israel, y en el Nuevo Testamento, es el reino de Dios (o reino de los cielos). Pero quiero presentarle otra palabra que creo que es la clave, tanto para resolver todos esos temas que mencioné como para revelar el mensaje de toda la Biblia: la palabra "pacto".

En este libro hacemos dos preguntas vitales: ¿cuántos pactos hay en la Biblia? y ¿cuántos de ellos se aplican a mí como cristiano? Debido a que hay diferentes respuestas a esas preguntas tenemos tantas variedades en la enseñanza de la iglesia.

Cuando preguntamos cuántos pactos hay, algunas personas dicen que hay solo uno en toda la Biblia, y lo llaman el "pacto de la gracia", aun cuando esa frase específica no pueda ser encontrada en ninguna parte de las escrituras.

Luego están quienes dicen que hay solo dos pactos en la Biblia: el antiguo y el nuevo. Después están lo que dicen que hay tres, quienes dicen que hay cinco, y hay quienes dicen que hay siete. ¿No es desconcertante? Cuando hay más de un pacto en la Biblia, ¿cuántos de estos afectan a los cristianos? ¿Cuántos nos vinculan con Dios?

¿Qué es un pacto? Es un acuerdo vinculante entre dos partes o dos personas, un acuerdo muy solemne de cumplir con obligaciones mutuas basado en promesas, basado en un compromiso. No tenemos muchos ejemplos de pactos en la vida cotidiana, así que no es una palabra que acostumbramos usar en la sociedad común. La palabra que sí usamos para un acuerdo vinculante es "contrato", y la vida está llena de contratos, especialmente contratos comerciales. Pero quiero mostrarle que hay una enorme diferencia entre un pacto y un contrato. Uno nunca puede tener un contrato con Dios, pero se asombraría cuántas personas intentan hacer un acuerdo con él que se parece a un contrato. "Haré esto si tú haces aquello". Un pacto es muy diferente. Comenzaremos pensando en contratos porque estamos más familiarizados con ellos.

Si quiero construir una casa, busco un constructor, un

contratista, y redactamos los términos del contrato entre nosotros, porque estamos en pie de igualdad. Esa es la clave de un contrato: cada parte tiene algo que la otra necesita, así que se encuentra en condiciones de negociar. El constructor tiene destreza, mano de obra y materiales, y usted tiene dinero. Él quiere el dinero suyo, y usted quiere la destreza, la mano de obra y los materiales de él. Así que negocian, y ambos pueden negociar duramente. Se ponen de acuerdo y usted firma un contrato con el constructor mediante el cual él construirá la casa por cierto precio y en cierto plazo. Es serio y vinculante.

Si una parte no cumple su promesa, la otra parte podrá ser liberada del contrato o podrá hacer una demanda en busca de compensación.

Por supuesto, hay muchos tipos de contratos. Mencioné un simple contrato de construcción, pero los negocios están construidos sobre contratos en todo el mundo, todos los días y cada día.

Otro tipo de contrato es un tratado de paz o un cese de fuego o armisticio, cuando ha habido una guerra. Como en el caso anterior, es algo acordado por dos partes, y ambas están en condiciones de negociar. Uno hace un contrato para la paz.

¿Y un pacto? ¿En qué difiere? Si puedo expresarlo de esta forma, un contrato es bilateral —dos partes iguales están en condiciones de negociar los términos; cada parte tiene algo que la otra desea—, en tanto que un pacto es unilateral, de un solo lado. *Es acordado por una parte, que fija los términos, porque se encuentra en una posición más fuerte.* Lo único que puede hacer la otra parte es aceptar el pacto o rechazarlo, pero no puede cambiarlo. Además, en un pacto, si una parte lo incumple, no libera a la otra de las promesas hechas, *siempre y cuando el pacto haya sido incondicional.* Los pactos pueden ser condicionales, pero por lo general son incondicionales. Una vez aceptados, son vinculantes, pero aun cuando sean rotos por la parte más débil, la parte más fuerte sigue estando obligada a cumplir las promesas hechas, *si* es un pacto incondicional.

De modo que, cuando nos encontramos con un pacto en la Biblia, la primera pregunta que debemos hacer es: "¿Es condicional o incondicional?". Si es condicional, se parece más a un contrato, pero si es incondicional obliga a la parte que lo hace, independientemente de lo que ocurra del otro lado. Esto es una diferencia bastante grande con un contrato. A veces pregunto: "¿Usted piensa que el matrimonio es un contrato o un pacto?". Los cristianos saben que Dios quería que el matrimonio fuera un pacto. Pero en nuestra sociedad se está convirtiendo rápidamente en un contrato, un acuerdo entre dos partes iguales que negocian entre sí, donde cada una tiene algo que quiere la otra. Me temo que la mayoría de los matrimonios hoy son contratos, que es la razón por la cual tantos se rompen. "Mientras yo te ame o tú me ames, estaremos casados, pero si tú dejas de amarme o yo dejo de amarte, el contrato se ha terminado". Un aspecto de la vida moderna que me resulta increíble es el "acuerdo prenupcial" o "contrato prenupcial", que estipula lo que harán con el dinero si se divorcian. ¡Imagínese ponerse de acuerdo, antes de casarse, en lo que harán cuando se divorcien! Nos estamos alejando bastante del entendimiento de Dios del matrimonio como un pacto cuando vamos directamente al matrimonio como un contrato. Es algo que no funcionará.

Leí acerca de un hombre en el norte de Inglaterra cuya esposa, poco después de la boda, le fue infiel, y comenzó a andar con otros hombres, volviéndose cada vez más infiel, hasta que finalmente lo abandonó. Pronto se encontró en la calle y rápidamente fue de mal en peor. Los amigos del hombre le dijeron: "¿Por qué no te divorcias? Ella no te sirve, y tendrás que cuidar a los niños solo. Consigue un divorcio y encuentra una mujer decente que te sea fiel y cuide a tus hijos, y podrán ser una verdadera familia".

Les contestó: "Nunca me hablen así de mi esposa. Es mi esposa y la amaré mientras haya aliento en su cuerpo". Hizo precisamente eso y cuando, unos años después, ella estaba muriendo como resultado de su mala vida, él estuvo junto a la cama, amándola y orando por ella. Eso es un *matrimonio de pacto*. En el *matrimonio de contrato* se habría dado por vencido hace mucho tiempo, y habría cambiado de pareja.

Lamentablemente, estamos en una situación en la que aun cristianos que creen en la Biblia están tratando el matrimonio como un contrato y cambiando de pareja. Pero no estamos en un contrato. Dios llama al matrimonio un pacto, y aun cuando un lado rompa los términos en un pacto, el otro lado debe mantenerse fiel a las promesas. ¿Se da cuenta de la importancia de hablar de pactos y contratos? Históricamente, el matrimonio nunca fue un acuerdo entre dos compañeros iguales. Para bien o para mal, el esposo era el compañero más fuerte y por eso era el que proponía matrimonio. Aun hoy es costumbre que los hombres tomen la iniciativa y "propongan" matrimonio.

Además, tradicionalmente (y aun en muchas bodas) el padre entrega a la novia. Por lo general, la esposa toma el nombre del esposo, porque es el más fuerte de los dos, el líder. Así que, en los matrimonios de hoy, aún hay trazas del matrimonio de pacto. Pero la enorme mayoría de matrimonios en el mundo occidental son contratos. Me alienta que una cosa que está haciendo la recesión económica es reducir la cantidad de divorcios. Las personas no pueden solventar un divorcio ahora. ¡Casi me veo tentado a gritar: "Aleluya"!

He estado usando el matrimonio como una ilustración, pero me temo que hoy en día el matrimonio no es el mejor ejemplo de un pacto. Así que pensemos en otra cosa que lo sea, en el que espero que usted esté involucrado. ¿Ha hecho su testamento? Se lo denomina "última voluntad y testamento". La palabra "testamento" tiene el mismo significado que "pacto".

Las dos partes de la Biblia se llaman Antiguo Testamento y Nuevo Testamento, que significa antiguo pacto y nuevo pacto. Pero voy a mostrarle que esos son títulos que se prestan a mucha confusión.

Cuando usted escribe su testamento, está haciendo un pacto. Usted es la parte más fuerte. Usted tiene el dinero o la propiedad que quiere dejar a otra persona. Es su deseo voluntario obligarse a dar esa propiedad o dinero a otra persona. No hay ninguna negociación (o no tendría que haber ninguna) con sus familiares o amigos a quienes está dejando las cosas. Usted fija los términos, usted decide. Puede cambiar su testamento con un anexo después de escribirlo, hasta el día mismo de su muerte, pero es usted quien fija los términos.

Un legatario puede aceptar lo que le deja o rechazarlo, pero no puede cambiar su testamento. Es decisión de usted. Como la parte más fuerte, usted ha hecho un pacto —un testamento— para dejar dinero o entregar una propiedad a otras personas cuando haya fallecido.

Es un punto interesante, porque la carta a los Hebreos en el Nuevo Testamento dice que cuando Jesús hizo el nuevo pacto en su sangre no podía entrar en vigencia hasta que muriera. ¿No es interesante? Su testamento o pacto (o última voluntad) no entrará en vigencia hasta que usted fallezca. La sangre está asociada con los pactos en la Biblia. La muerte está asociada con los pactos en la Biblia. Pero me estoy adelantando.

Establezcamos, entonces, dos puntos importantes. ***Nuestro Dios es un Dios que hace pactos.*** Es asombroso cuando uno piensa esto, que el Dios que hizo todo el universo se haya obligado voluntariamente ante seres humanos.

Después de todo, él es la parte fuerte. Nosotros somos las partes débiles. Somos solo sus criaturas, seres diminutos en una pequeña partícula de polvo interestelar que atraviesa el espacio. Aquí estamos, y Dios se ha puesto voluntariamente bajo obligación ante nosotros. No necesitaba hacerlo, y es maravilloso que lo haya hecho, pero lo hizo. La Biblia es la historia de los pactos que ha hecho voluntariamente con relación a los seres humanos, con *nosotros*. Esto nos tendría que dejarnos pasmados de asombro. ¿Por qué lo hizo? ¡Por ninguna razón en absoluto! Él podría habernos hecho y dejarnos seguir nuestro camino, pero hizo todo lo contrario.

Se ha obligado a hacer ciertas cosas para los seres humanos; ha hecho su testamento. Quiere hacernos sus herederos. Quiere hacer un testamento en nuestro favor. Esto es casi increíble: que Dios hiciera pactos con nosotros, y que por lo tanto se *casara* con seres humanos, que es aún más asombroso en un sentido. Para él, un matrimonio es siempre un pacto. Las primeras personas con las que se casó (con las que hizo un pacto) fueron Abraham, Isaac y Jacob. Lo asombroso es que, si bien él era el esposo y ellos eran la esposa (por así decirlo) del matrimonio, él tomó el nombre de ellos y ha sido conocido en adelante como "el Dios de Abraham, Isaac y Jacob", un abuelo, padre e hijo. Sus nombres están inscritos ahora en Dios; ellos son el nombre de él. Es como si el novio tomara el nombre de la novia. Es extraordinario, inaudito. Luego hizo un pacto con Israel. Dice: "Yo me casé contigo en Sinaí; eres mi esposa". Por lo tanto, tomó el nombre de "Israel", y Dios será llamado para siempre "el santo de Israel". ¡Asombroso!

Cuando Israel rompiera ese pacto, ¿qué diría Dios?

Dios dijo al profeta Oseas: "Ve y busca una prostituta".

"Pero soy un predicador, Señor".

"Ve, busca una prostituta, y cásate con ella".

"Ah", dijo, "no puedo hacer eso. Piensa en los titulares:

'Prostituta se casa con un predicador' o 'un predicador se casa con una prostituta'. ¿Qué pasará entonces?".

Pero Dios dijo: "Entonces deberán tener hijos. Pero debo advertirte que no todos los hijos serán tuyos".

"¿Y después, Señor?".

"Ella volverá a las calles, a su vieja profesión".

"¿Qué hago entonces con los tres hijos?".

"Bueno, Oseas, quiero que vayas a buscarla, pagues al chulo que la está explotando y la traigas de vuelta a casa. Ponla bajo disciplina durante un tiempo y luego vuelve a tomarla como tu esposa".

"¿Por qué tengo que hacer todo eso, Señor?".

"Porque eso es lo que está haciendo Israel conmigo, y me siento así con relación a ella. Y tú no podrás transmitir mis sentimientos a Israel a menos que experimentes lo mismo. Esa es la razón".

¡Qué historia increíble! Puede leerla en el libro de Oseas.

Dios se casó con personas. Hizo un matrimonio de pacto con Israel, con Abraham, Isaac y Jacob. Hizo su testamento, su última voluntad, en favor de ellos. Una de las cosas que les dio y les dejó fue la tierra en Oriente Próximo que llamamos la Tierra Prometida. Todo eso estaba involucrado en su pacto con ellos.

Dios es un Dios que *hace* pactos. El segundo punto que quiero establecer es que ***Dios es un Dios que guarda pactos***. Si Dios hace una promesa alguna vez, nunca la romperá. Usted encontrará esta expresión en toda la Biblia: "Yo …", seguido de un compromiso. Están en los labios de Dios casi siempre. Esa es su voluntad y testamento: su promesa a su pueblo.

Una vez tomé una hoja y comencé a escribir lo que Dios Todopoderoso *no* puede hacer. Muy rápidamente, tenía una lista. Comenzaba así: él no puede romper una promesa, no puede mentir, no puede contar un chiste verde… y seguí escribiendo cosas como estas hasta que llegué a treinta y uno. Lo convertí en un sermón: *Las cosas que Dios no puede hacer*. Cuando miré la lista pensé: "Yo he hecho todas esas cosas". Pero eso no me hizo sentir más grande que Dios, sino muy pequeño.

Eso se debe al carácter de Dios. Son cosas tan desagradables, tan repugnantes para él, y tan "abominables" para él que no puede hacerlas. Tenemos que entender cómo es Dios. Sea que las personas digan que creen en Dios o no, lo que realmente importa es en qué *tipo* de Dios creemos o no. Durante unos años fui un capellán en la Royal Air Force (la fuerza aérea británica). Cuando los hombres llegaban al puesto de la RAF debían presentarse ante los capellanes. Éramos tres en cada puesto militar: católico romano, Iglesia de Inglaterra, y luego las "demás denominaciones" (que era yo), conocidos como los "raros". Lo que ocurría era que llegaban unos doscientos reclutas al puesto. El capellán de la Iglesia de Inglaterra, que representaba a la iglesia establecida, decía: "Todos los que han sido bautizados de bebé en la Iglesia de Inglaterra vengan conmigo". Por lo general, recibía unos tres cuartos de ellos. Luego el capellán católico romano se quedaba con un diez por ciento aproximadamente. Yo recibía a todos los demás: presbiterianos, metodistas, bautistas, Ejército de Salvación, budistas, musulmanes, agnósticos y ateos.

Me quedaba con esta mezcolanza, y tenía que encargarme de ellos. Realmente disfrutaba de ser un capellán para los ateos. Cuando llegaba un ateo, en su tarjeta, bajo "religión", decía "ateo". Le daba una cálida bienvenida y le decía: "Felicitaciones por tu fe. Debes tener más fe que yo para creer que todo esto ocurrió por casualidad y surgió sin ninguna ayuda de nadie. Yo simplemente no tengo suficiente fe como para creer eso. Tengo que creer que alguien intervino; es más sencillo. Pero tú debes ser una persona de mucha fe. Te felicito".

La segunda cosa que les decía era: "Si los matan, tendré que enterrarlos. Quiero hacerles una solemne promesa de que no leeré la Biblia, no haré una oración, no cantaré un himno y no mencionaré a Dios. Solo diré: 'Este hombre está muerto y ha partido'".

Muchos pilotos eran muertos en ese tiempo, y encontré que muchas personas están muy felices de vivir como ateos, pero no tan felices de morir como uno. Hay un elemento de riesgo en eso, y no parecían estar muy felices con mi propuesta para su funeral.

La tercera cosa que decía a un ateo era: "Ahora, siéntate aquí y cuéntame en qué clase de Dios no crees". Cuando terminaba, siempre podía decirle: "Bueno, me acabas de convertir en ateo, porque yo tampoco creo en ese tipo de Dios". Siempre pregunte en qué tipo de Dios no creen.

Yo creo en un Dios que es *recto*, lo cual significa que hay muchas cosas que *no* puede hacer. No lo hace débil, sino lo convierte en un Dios maravilloso. Primero, significa que un Dios recto no puede hacer nada mal. No puede hacer nada desleal, no puede hacer nada injusto. Saber que el Dios que está a cargo del universo es así es un tremendo consuelo. Significa también que todo lo que hace está bien. Eso no significa que todo lo que ocurre está bien, sino que todo que hace él, todo de lo que él es responsable, está absolutamente bien.

Una de las situaciones dramáticas que he tenido que manejar es tratar con padres que habían perdido un bebé. Siempre es un golpe muy fuerte, y una tarea difícil. La pregunta que surge vez tras vez es: "¿Qué ha hecho Dios con mi bebé ahora? ¿Está en el cielo, o dónde?". Yo tenía que ser honesto y decir: "No sé lo que Dios ha hecho con su bebé. La Biblia no contesta esa pregunta. Dios debe tener un buen motivo para no decirnos". Sé que muchos pastores dicen: "Su bebé está en el cielo", pero yo no puedo decir eso, porque solo puedo afirmar lo que dice la Biblia.

Si bien tuve que decir: "No sé", agregué: "Si conocieran a Dios tan bien como yo, deberían saber que no importa lo que haya hecho con su bebé está bien, y que pueden confiar en él". Pero uno tiene que creer en cierto tipo de Dios para hablar así. Un Dios que siempre hará lo correcto y, por lo tanto, sea que le diga o no le diga lo que está haciendo, usted sabe y está seguro de que lo que ha hecho está bien. Esto le da la seguridad en su alma, aunque no conteste todas sus preguntas.

Dios no solo es un Dios que *hace* pactos, sino que es un Dios que *guarda* pactos. Uno puede garantizar que *lo que él promete siempre se cumplirá*. Avanzando rápidamente por un segundo, esta es la razón por la que estoy bastante seguro de que la Tierra Prometida aún pertenece a los descendientes de Abraham: porque Dios se la prometió. Ese es el mayor factor en toda la situación política de Oriente Próximo, aunque los políticos lo ignoren. Pero Dios no ha incumplido su promesa. Es la Tierra Prometida, y siempre lo será. Eso muestra cuán importantes son los pactos, y es mucho más asombroso porque Dios cumple sus promesas.

Él es confiable; él es fiel. Uno puede confiar en él hasta el final. Uno sabe que él cumplirá su palabra.

Ahora, para mi respuesta a la pregunta: "¿Cuántos pactos hay?", hay *cinco*. Cuando se hace la pregunta: "¿Y cuántos me afectan como cristiano?", la respuesta es *cuatro*. Hay un pacto que no me afecta. Hay uno que es exclusivamente judío; es para los judíos, y no para mí. Es asombroso cuántas personas pueden confundirse y volver a poner a las personas bajo un pacto que no pertenece a los cristianos.

2

LOS CINCO PACTOS

Hemos visto que un pacto es unilateral: una persona decide los términos, se pone bajo obligación a otra y hace ciertas promesas. La otra persona no puede cambiar los términos. La única opción que tiene es aceptar o rechazar. Eso es un pacto. Dios solo hace pactos con personas; no hace contratos.

No obstante, muchas personas intentan hacer un contrato con Dios. Recuerdo a una persona que asistía a una iglesia que dijo: "Estuve en la Segunda Guerra Mundial en el fragor de la batalla. Las balas volaban, los proyectiles explotaban, morían personas cerca mío, y le dije a Dios: 'Si me haces volver sano y salvo a mi familia, iré a la iglesia todos los domingos'". Eso era un contrato, y él no cumplió su parte.

Me preguntó: "¿Puedo tener una segunda oportunidad?".

Le contesté: "Sí, puedes, pero no de acuerdo con esa base. No puedes negociar con Dios".

Hay una razón muy simple por la que uno no puede tener un contrato con Dios: no tiene nada que él desee o necesite. Uno de mis textos favoritos está en el Salmo 50, donde Dios dice: *"Si yo tuviera hambre, no te lo diría"*. Me encanta ese texto, pero nunca escuché a nadie predicar sobre él. Tal vez conozca el versículo que sigue: *"Pues mío es el mundo, y todo lo que contiene"*.

Las palabras de Dios significan: *Todo lo que tienes ya es mío*; y es así. Toda la riqueza del mundo pertenece a Dios, aun cuando pensemos que nos pertenece a nosotros. Él puede darla y quitarla, así nomás.

Es asombroso cuántas personas intentan negociar con Dios, como si estuvieran en una posición para hacerlo. Jacob fue un caso típico. ¿Recuerda cuando soñó acerca de la escalera que llegaba hasta el cielo, la noche que salió huyendo? Huyó de su hermano Esaú, a quien habían engañado, y ya extrañaba su casa.

Jacob dijo a Dios: "Si me haces volver sano y salvo a la casa de mi padre, te daré una décima parte de todo lo que obtenga", un diezmo. Eso no estableció su relación con Dios, porque uno no puede negociar con Dios así. Años después, Jacob iba camino a casa de nuevo, para encontrarse con Esaú. Estaba con mucho miedo y quería que Dios lo bendijera. La noche anterior a su encuentro con su hermano luchó con Dios y le dijo: "No te dejaré ir hasta que me bendigas". Seguía intentando negociar. Dios tuvo que quebrantar a ese hombre, y le dislocó la cadera. De ahí en más, Jacob caminó con una cojera. Era un hombre quebrado, pero ahora Dios podía usarlo.

Ahora que se dio cuenta de su debilidad, ya no iba a negociar con Dios. Solo iba a entregarse a él. Y Jacob se convirtió en Israel, el príncipe de Israel.

"Señor, si me sanas, te dedicaré el resto de mi vida".

"Señor, si me quitas el cáncer, daré más dinero a las misiones".

Algunos predicadores alientan esto y dicen: "Usted dé dinero al Señor y él bendecirá su negocio".

Eso es negociar con el Señor. Pero no hay nada que usted tenga que él necesite. No se encuentra en condiciones de negociar.

Lo que sí puede hacer es tener un pacto con él, pero *él* decidirá los términos. Él hará las promesas, y todo lo que usted puede hacer es decir "sí" o "no".

Ahora bien, algunos pactos son lo que llamamos *incondicionales*, que significa que aun cuando la otra parte rompa sus promesas, el pacto se mantiene. Las partes se han atado bajo una obligación, que no pueden romper ni pueden abandonar. Pero algunos son *condicionales*, y se parecen más a un contrato, porque Dios dice: "*Si* haces esto, yo haré aquello". Sin embargo, él aun fija los términos. Sigue siendo un vínculo unilateral, así que sigue siendo un pacto. Cada vez que lea acerca de un pacto en la Biblia, debe comenzar por preguntar: "¿Es *incondicional* o *condicional*?".

Consulte por favor el cuadro que sigue. Note primero que cada uno de los pactos tiene seis cosas. Primero está la *parte*: ¿Con quién es el pacto? Luego está la *promesa* en la que está basada el pacto: "Yo ..." Es lo que Dios dice más frecuentemente cuando hace un pacto a lo largo de toda la Biblia.

La tercera cosa que preguntamos es: ¿Espera Dios algo a cambio? ¿Hay una *condición* incluida en el pacto?

Luego: ¿Hay una *penalidad* incluida que nos castigará si no guardamos el pacto?

Luego: ¿Cuánto durará, qué *período* cubre la promesa?

Finalmente: ¿Cuál es el *propósito* de Dios al hacer el pacto?

PACTOS BÍBLICOS	PARTE ¿Con quién?	PROMESA (Yo…) ¿Qué se ofrece?	CONDICIÓN ¿Qué se espera?	PENALIDAD ¿Si falla?	PERÍODO ¿Durante cuánto tiempo?	PROPÓSITO ¿Por qué?
NOÉTICO	Noé y familia SOBRE ARARAT	SUPERVIVENCIA INTERNACIONAL Estaciones Sol y lluvia	SANTIDAD DE VIDA Humana Animales	(incondicional)	PERMANENTE mientras exista la tierra	Personas disponibles para adopción a la familia de Dios
ABRAHÁMICO	ABRAHAM + hijo ISAAC nieto JACOB (patriarcas) EN CANAÁN	SELECCIÓN NACIONAL Semilla Tierra (propiedad) INTERNACIONAL Bendición todas las familias de la tierra	FE CIRCUNCISIÓN BENDITOS Si bendicen a Israel	CORTADO* MALDITOS Si maldicen a Israel	PERMANENTE para siempre	Un pueblo en la tierra que medie la gloria de Dios a otros "un reino de sacerdotes"
MOSAICO (ANTIGUO)	MOISÉS + 12 tribus de Israel SOBRE SINAÍ	SEGURIDAD NACIONAL Provisión Protección Tierra (ocupación)	OBEDIENCIA a leyes BENDICIONES Salud, prosperidad	DESOBEDIENCIA de leyes MALDICIONES Desastres Ocupación, exilio	TEMPORAL hasta que venga el Mesías	Una demostración de justicia divina y necesidad de perdón
DAVÍDICO	DAVID, rey de Israel EN JERUSALÉN	SOBERANÍA NACIONAL Rey de judíos INTERNACIONAL Rey de gentiles (naciones)	MUCHOS HIJOS Si guardan pacto SUCESIÓN UN HIJO "ungido" HEBREO = Mesías GRIEGO = Cristo	REINADO BREVE (incondicional)	TEMPORAL hasta que venga el Mesías PERMANENTE para siempre	Un reino visible de Dios en la tierra, gobernado por su Hijo
MESIÁNICO (NUEVO)	Anunciado por (AT) ISAÍAS, JEREMÍAS, EZEQUIEL Alcanzado por (NT) muerte, resurrección, ascensión de JESÚS EN JERUSALÉN	SALVACIÓN INTERNACIONAL Algunos judíos Muchos gentiles Todo Israel [PERDÓN] [SANTIDAD]	ARREPENTIMIENTO FE/FIDELIDAD BAUTISMO Obediencia al evangelio	CORTADO* Pérdida eterna INFIERNO	PERMANENTE para siempre Vida eterna NUEVO CIELO Y TIERRA	Súbditos rectos del reino de Cristo, libres del pecado

Consideraremos *cinco* pactos. Llamamos a cada uno de acuerdo con la persona con quien Dios lo hizo. Así que llamamos el pacto con Noé, *noético*. Luego Dios hizo otro pacto con Abraham, y lo llamamos el pacto *abrahámico*. Luego hizo uno con Moisés, el pacto *mosaico*. Luego el que hizo con David, el *davídico*. Y, finalmente, el que hizo a través de Cristo, el pacto *mesiánico*.

Estos son los cinco pactos alrededor de los cuales gira toda la historia de la Biblia. Quiero que note ya que solo uno de estos es llamado pacto *antiguo*, y ese es el *mosaico*. Solo uno de ellos es llamado *nuevo*, y es el *mesiánico*. Esto es iluminador para comenzar, porque las palabras "pacto" y "testamento" son, por supuesto, las mismas. Es una tragedia que las dos partes de nuestra Biblia hayan sido llamadas alguna vez *Antiguo* Testamento y *Nuevo* Testamento, con el significado de *antiguo pacto* y *nuevo pacto*, lo cual da la impresión errónea de que hay solo dos pactos en la Biblia, el antiguo y el nuevo. Pero la situación no es para nada así. Esto ha llevado a muchas personas a pensar erróneamente que el Antiguo Testamento está obsoleto, que "excedió su fecha de vencimiento". Hay muchos cristianos hoy que no estudian el Antiguo Testamento. Estudian el Nuevo Testamento, pero no el Antiguo, porque creen que es *viejo*, obsoleto.

3

EL PACTO CON NOÉ

Todo lo que ocurrió fue lamentable, y el relato de lo que pasó incluye el versículo más triste de toda la Biblia: "Dios se arrepintió de haber hecho al hombre". Dios lamentó habernos hecho. He estado en tribunales en los que los padres han dicho: "Desearíamos nunca haber tenido hijos".

Cuando los hijos han salido mal y han arruinado sus vidas, y se han metido en el vicio y el crimen, a veces los padres me han dicho: "Desearíamos no haberlos tenido". Es terrible que un padre o una madre diga eso. Pero Dios lo dijo. Fue un momento especialmente decadente de la historia humana. La tierra estaba llena de violencia, que es lo que ocurre cuando la gente se aleja de Dios. La violencia se extiende tan rápidamente que la sociedad se vuelve cada vez menos segura, y los ancianos no pueden caminar por la calle seguros. Este es un resultado de alejarse de Dios.

Si la violencia fue una de las cosas que había llenado la tierra cuando Dios lamentó habernos creado, la otra cosa fue el sexo pervertido y, por supuesto, ambas van de la mano. El sexo pervertido y la violencia son hermanas, por así decirlo. Cada una conduce a la otra, porque tratan a las personas como objetos y no como sujetos; como cosas, no como personas. Toda la sociedad en ese tiempo había llegado a estar plagada de sexo pervertido y violencia. Hay una declaración increíble en Génesis capítulo 6: "Todos sus pensamientos tendían siempre hacia el mal". ¡Qué afirmación! La única cosa en la que gente pensaba era cómo hacer algo malo, como hacer algo cruel, salvaje. El sexo pervertido había tomado un giro especialmente horroroso. Los ángeles estaban teniendo sexo con mujeres humanas. Dios ha hecho los órdenes de la vida de manera muy clara. Nosotros estamos aquí como seres humanos, los animales están por debajo de nosotros y los ángeles están por arriba de nosotros. Ellos son superiores a nosotros en fortaleza e inteligencia. Son una forma de vida superior. Al mundo le resulta difícil creer en ángeles, pero la Biblia sin duda lo hace, de principio a fin.

Tenemos animales, humanos, ángeles, todos creados por Dios. Él ha prohibido terminantemente el sexo entre estos tres órdenes diferentes de vida, ya sea entre humanos y animales —que aparece ahora en videos de mal gusto— o entre humanos y ángeles. Para Dios, estas son relaciones repugnantes, al igual que las relaciones sexuales entre hombres y entre mujeres. Dios ha ordenado que la vida opere de esta forma. Lo que estaba ocurriendo en el tiempo de Noé era que los ángeles y las mujeres humanas estaban teniendo relaciones sexuales que producían seres híbridos de un tipo especialmente repelente. La palabra hebrea es *nephilim*, pero en realidad no sabemos lo que significa. A veces se la traduce como "gigantes". Tal vez signifique criaturas grotescas, híbridos desagradables.

Ahora Dios estaba mirando todo eso desde arriba: un mundo de violencia y sexo pervertido, con todos sus pensamientos tendiendo siempre hacia el mal. Fue entonces que dice: "Dios se arrepintió de haber hecho al hombre". Tomó la decisión de eliminar a todo el mundo. ¡Qué decisión terrible! Pero encontró un hombre que vivía de manera correcta, y que había enseñado a su familia a vivir correctamente. Tenía una esposa, tres hijos y tres nueras.

Debido a que la influencia de ese hombre sobre su familia fue tan grande, Dios dijo: "No voy a destruirlos". Dijo al hombre que construyera un bote en medio de la tierra, una cosa alocada. Usted conoce el resto de la historia: Noé se salvó. Cuando Noé salió del arca, Dios hizo el primer pacto con el hombre, y prometió nunca repetir lo que había hecho mientras existiera la tierra.

La única razón por la que Dios no nos elimina ahora es porque ha cumplido su promesa. La gente cree que a Dios no le importa todo el mal en el mundo, que debería deshacerse de todo lo malo. Me da gracia cuando las personas me dicen: "¿Por qué no destruye Dios todas las personas malas del mundo y entonces el resto de nosotros podríamos vivir en paz, felicidad y comodidad?". Hay algo equivocado en este razonamiento. Si Dios destruyera ahora mismo a todas las personas malas que están arruinando el mundo, para ellas y los demás, y para él, ¡yo no estaría aquí para escribir esto, y tampoco habría nadie para sentarse a leerlo! Siempre estamos tan seguros de que son las *otras* personas las que están arruinando el mundo y haciendo la vida realmente insoportable para el resto de nosotros. Es así como pensamos. Siempre es otra persona: "Señor, deshazte de *ellos*". Pero nosotros mismos somos parte del problema.

Entonces, ¿qué quiere Dios de nosotros? ¿Por qué creó la raza humana? ¿Alguna vez se hizo esa pregunta? Hay una respuesta muy sencilla. Dios ya tenía un hijo, y disfrutaba tanto de él que quería una familia más grande. No lo puedo expresar de una manera más sencilla. Fue por eso que Dios lo hizo a usted. Él quería que estuviera en su familia. Quería tener una relación con usted, una relación amorosa. Quería que usted disfrutara lo que el Hijo ya disfrutaba en la familia del Padre. Por eso nos hizo, ¡pero qué tremenda desilusión resultamos ser! Hay millones de personas que ni se interesan en él, nunca piensan en él, ni siquiera le agradecen. Uno de los pecados más serios en la Biblia es la falta de agradecimiento. Dios una vez destruyó a personas que se quejaron por la comida que les dio. Simplemente no estaban agradecidos. ¿Se da cuenta de qué pecado serio es tomar cosas de Dios que él nos da libremente y no darle gracias? ¿Cómo se sentiría usted, como padre, madre o amigo, si diera algo a alguien de manera frecuente y nunca se lo agradecieran? En Romanos capítulo 1 aparece listado como un pecado serio que no agradezcamos a Dios. Gracias, Dios, por el día de hoy. Gracias, Señor, por mi salud. Gracias, Señor.

Mi esposa me introdujo a un mal hábito cuando nos casamos. No puede arrancar en la mañana sin su tasa de té temprana. Ahora bien, yo me levanto temprano, y si me siento como un cristiano bajo y preparo el té. Pero si no me siento como un cristiano la dejo que baje y se haga su té. No me atrevo a decirle cuántas veces preparo el té y cuántas no, ¡porque a menudo no me siento como un cristiano al principio del día! Todos los días nos dejan botellas con leche a la entrada. Así que si bajo a hacer el té camino a la puerta, tomo las botellas, que a veces están congeladas, y recuerdo un versículo del libro de Lamentaciones que dice: "Cada mañana se renuevan tus bondades". Mientras llevo la leche fresca digo: "Señor, gracias por tus bondades". Estoy en mi año ochenta y tres de vida, con un pie en la tumba y la otra sobre una cáscara de banana, pero no importa, tengo mi salud. Eso es una bondad, y puedo decir: "Gracias, Señor". Tengo trabajo que hacer. Estoy trabajando tan duro ahora como nunca antes. Gracias, Señor. Tengo trabajo que hacer. El único problema con trabajar para el Señor es que es un jefe excelente y provee para todas nuestras necesidades, pero no tiene un plan de retiro. (Cuando dije eso a un amigo mío, contestó: "Sí que lo tiene, tiene uno maravilloso. ¡De hecho, es de otro mundo!"). Mi esposa y yo tenemos un techo sobre nuestras cabezas. ¡Qué bondad! Gracias, Señor.

Cada día hay cosas por las que tenemos que agradecer, pero podemos pasar días enteros sin recordarlo. ¡Qué insulto para el Dios Todopoderoso! Eso era parte de la situación en el tiempo del diluvio de Noé. Cuando Noé y su familia, solo ocho personas, salieron del arca a un mundo en el que el entorno había sido destruido, y en el cual tendrían que volver a empezar de cero, Dios dijo: "Nunca volveré a hacerlo. Les prometo solemnemente que siempre sustentaré a la raza humana mientras exista la tierra en la que viven. Siempre habrá primavera y cosecha, verano e invierno". Las dos cosas que necesitamos para vivir es la luz y la humedad, el sol y la lluvia. Dios ha prometido no solo darnos las estaciones sino enviar su sol sobre los buenos y los malos, y su lluvia sobre justos e injustos.

Me encanta esta pequeña poesía:

> *La lluvia llueve sobre el justo y el injusto*
> *Pero llueve más sobre el justo*
> *Porque el injusto tiene el paraguas del justo*

Trate de interpretarlo. Dios está dando el sol y la lluvia a cada ser humano sobre la tierra. ¿Sabía que hay suficiente comida en el mundo cada año para que todos tengan 2.500 calorías diarias? Me estaban haciendo una entrevista en la estación de radio australiana ABC, y el entrevistador me dijo: "¿Cómo puede creer en un Dios bueno cuando hay niños en Etiopía que están muriendo de hambre?". Mencionó a todas las personas en el mundo que se acuestan con hambre —es un tercio de la raza humana— y otro tercio que se acuesta muertos de hambre. Me preguntó: "¿Cómo puede usted creer en un Dios bueno?".

Le contesté: "En realidad, acabo de ver cifras de la organización de alimentos de las Naciones Unidas para el año pasado y, como en cada año previo, ha habido suficiente comida en el mundo para cada persona, aun con el crecimiento exponencial de la población. Dios ha prometido sustentar a la raza humana y mantenernos vivos. Aumentará cada año. Entonces, ¿por qué hay personas con hambre y personas muertas de hambre? La respuesta es muy sencilla: *no queremos compartir los alimentos*. Es así de sencillo. Una parte del mundo es obesa, lucha con los rollos e intenta adelgazar, y la otra parte está demasiado delgada. ¿Quién tiene la culpa? Es casi como si un padre tomara el refrigerador, lo cerrara con una llave y dijera: 'Dios, mis hijos se están muriendo de hambre y tú tienes la culpa'. ¡Qué insensato culpar a Dios por el hambre cuando no queremos compartir los alimentos que nos ha dado! Pero él ha prometido mantener las estaciones".

El pacto noético aún está vigente. Si no fuera así, no estaríamos aquí. No tendríamos alimentos. No habría brotes en los árboles en la primavera a menos que el pacto noético estuviera todavía en operación. Dios aún está enviando su sol sobre buenos y malos, y su lluvia sobre justos e injustos.

Mire nuevamente el pacto noético en el gráfico. Note lo que aparece en la fila superior. Este pacto no fue hecho solo con Noé sino, a través de él, con *toda la raza humana*. Fue hecho en monte Ararat, cuando el arca reposó luego del diluvio. La promesa es, básicamente, de *supervivencia*, de que la raza humana sería mantenida viva por Dios, que él seguiría proveyendo alimentos. **Fue un pacto internacional, porque fue hecho con todos.**

No es un pacto judío en absoluto, sino un pacto con todos, incluyendo los judíos, por supuesto. Pero todas las naciones gentiles pertenecen a este pacto. Las estaciones continuarían, y el sol y la lluvia continuarían. ¿Qué *esperaba* Dios de nosotros? No puso ninguna condición. Fue un *pacto incondicional*. Por lo tanto, ya sea que hagamos lo que Dios espera o no, él seguirá manteniendo su lado del pacto. Pero esperaba que hiciéramos ciertas cosas y, dado que prometió la supervivencia de la vida, esperaba que *tratáramos la vida con respeto*. Deja dos cosas muy en claro en Génesis capítulo 9, una conectada con la vida humana y la otra, con la vida animal. De ahora en más, los animales podrían usarse como carne, pero debían ser muertos adecuadamente. La forma en que se hacía en esos tiempos era que la sangre debía ser drenada. Uno tiene que estar absolutamente seguro de que la carne está muerta antes de comerla. Así que la sangre era drenada para que nadie se viera tentado a comer carne viva. Eso sería perder el respeto por la vida animal.

Pero cuando llegamos a la vida humana, Dios esperaba que tratáramos a la vida humana como sagrada, como algo a la imagen de Dios. Por más mala que pueda ser una persona, está hecha a la imagen de Dios. Es sagrada. Por lo tanto, el asesinato es un sacrilegio. Si queremos mantener la santidad de la vida, Dios nos dice que espera la pena de muerte como castigo para el asesinato.

Muchos países en el mundo ya no tienen la pena de muerte para el asesinato. En Estados Unidos, algunos estados la tienen y otros no.

Dios dice: "Sustentaré la vida, pero ustedes trátenla como sagrada". El Reino Unido abolió la pena de muerte para el asesinato en la década de 1960. Tan pronto ocurrió dije a mi esposa: "Hemos perdido la santidad de la vida". El asesinato es ahora simplemente robo. El castigo por el asesinato es lo mismo que para un robo grave. Ya no es considerado sacrilegio. Es considerado simplemente como robar una vida. Por lo tanto, el castigo es prisión de por vida, y eso raramente significa toda la vida ahora. Agregué: "Lo próximo será el aborto, y después de eso la eutanasia; seguramente vendrán después". Una vez que uno ya no ve la vida como sagrada, a la imagen de Dios, entonces uno destruye sus propios jóvenes, destruirá a los ancianos una vez que se han vuelto inútiles. Efectivamente, está pasando ahora mismo. Hemos perdido la santidad de la vida.

Esa no era una *condición* del pacto, porque si no Dios no estaría alimentándonos ahora. Era una expectativa que quería que siguiéramos: que tratáramos la vida animal y la vida humana con respeto, y la vida humana es sagrada en la imagen de Dios. Lamentablemente, hemos tenido un lavado de cerebro por la teoría de la evolución que nos ha llevado a pensar que somos simplemente animales, y ya no trazamos una clara distinción entre animales y humanos. Pero en la Biblia dice que son muy diferentes. Los animales no tienen la imagen de Dios. Nosotros sí. Por ese motivo, el asesinato es un sacrilegio, y una vida tomada debe ser pagada con otra vida tomada. Pero aun cuando ya no guardemos esto demasiado, Dios guarda su pacto. Era incondicional, y sabemos exactamente cuánto durará: *mientras la tierra exista*. La tierra sigue estando aquí, y nosotros seguimos estando aquí. Dios ha guardado su promesa. Ahora bien, ¿por qué prometió hacer eso? Porque si no lo hubiera hecho nunca obtendría su familia. Él quiere hijos e hijas en su familia. Quiere seres humanos que se relacionen con él. Lo dice constantemente en la Biblia, de punta a punta: "Yo seré su Dios y ellos serán mi pueblo". Era eso lo que quería: una familia más grande, relaciones.

Así que él tiene que preservar la raza humana, porque en caso contrario no conseguirá más personas en su familia. Ese es el propósito básico. Es por esto que usted está aquí. Por esto estoy yo aquí. No estoy aquí para disfrutar y buscar la felicidad. Eso podría estar en la constitución estadounidense, pero no es la razón por la que Dios lo puso aquí. Él lo puso aquí para que usted lo busque y sea su familia. Y, hasta tanto descubra eso, no encontrará el verdadero propósito de la vida, porque no hay otro.

Además, él se ha puesto un recordatorio para cumplir su palabra. Usted lo ha visto: un arcoíris. Cada vez que el sol y la lluvia se juntan, vemos ese hermoso arcoíris. Es el anillo de matrimonio de Dios, su anillo del pacto. Él no dice: "Cuando *ustedes* vean el arcoíris recuerden esa promesa". Él dice: "Cuando *yo* vea el arcoíris recordaré mi promesa. Es un recordatorio para que mantenga viva a la raza humana". Es lo que ha prometido hacer. La destruyó una vez, y tenemos que recordar que lo hizo, y que podría volver a hacerlo. Pero ha cumplido con su promesa de mantener todo en funcionamiento. La razón por la que lo ha hecho es muy sencilla: porque quiere una familia. Se propuso tener una familia, pero para tenerla tendrá que hacer varios pactos diferentes, porque el pacto noético no le dará por sí mismo una familia a Dios. Le dará una familia *potencial*, pero no una familia *real*.

4

EL PACTO CON ABRAHAM

Vamos al siguiente pacto que hizo Dios, algo posterior al pacto noético. Lo hizo con un anciano que vivía en una casa de ladrillos, con un hermoso fuego con chimenea y dormitorios en planta alta. ¡Se lo digo en serio! Si uno va a Ur de los caldeos puede ver las casas de ladrillos más sofisticadas. Conseguí una fotografía de una de esas casas, se la mostré a mi esposa, y le dije: "¿Te gustaría vivir en esa casa?". Dijo: "Es un poco anticuada". Le dije: "Debería serlo. Tiene cuatro mil años".

Vemos entonces a un anciano que vivía en una cómoda casa al que Dios le dijo: "Quiero que vivas en una carpa el resto de tu vida". No conozco muchos hombres de ochenta años que dejarían una linda casa para vivir en una carpa el resto de su vida. Y no solo vivir en una carpa sino ir muy lejos, a un país que nunca había visto, dejar sus amigos atrás, y simplemente partir. Ese anciano lo hizo. "Abraham es el padre de todos nosotros", dice la Biblia. Un anciano que dejó un lugar pagano y partió en una larga travesía a esa edad, con su esposa también anciana. Abraham confió en Dios y lo obedeció. Emprendió el viaje y Dios le dijo: "Voy a hacer un pacto contigo". Era un pacto asombroso, esta vez no de *supervivencia* sino de *selección*, en el que escogía a Abraham y a sus descendientes para ser un pueblo especial.

Dios repitió el pacto con su hijo Isaac y su nieto Jacob.

Con tres generaciones de hombres, Dios se casó con ellos con un "testamento". Un pacto es, en cierto sentido, como hemos visto, un matrimonio. Es una promesa: "Yo …". Ahora bien, ¿por qué los escogió Dios? ¿Eran mejores que todos los demás? No. De hecho, no eran para nada perfectos. Cada uno de los tres hombres mintió, engañando a otros para salvar su pellejo. Lea la historia. Lo único que los hizo especiales fue que *hicieron lo que Dios les dijo*. Confiaron en la palabra de Dios y la obedecieron. Eso es todo. Por esa razón, Dios estableció una relación con ellos, y sorprendentemente tomó sus tres nombres y los incorporó a su nombre, y de ahí en más fue conocido como el Dios de Abraham, Isaac y Jacob.

Sigue siendo el Dios de esos tres hombres que lo obedecieron y se convirtieron en sus herederos. Él dijo: "Les estoy dejando una tierra en el medio del mundo que será de ustedes para siempre". Lo interesante es que, aunque Abraham nunca fue propietario de la tierra, la dejó en su testamento a su hijo. Pasaron los títulos de propiedad de esa tierra de generación a generación. ¡Qué fe dejar a alguien algo que uno no tiene aún, pero que le ha sido prometido! Eso es fe, ¿no es cierto? Yo solo he hecho un testamento para lo que tengo, pero no he dejado nada que aún no tenga. Abraham lo hizo. Isaac lo hizo. Jacob lo hizo. Esos tres hombres están atados para siempre a Dios.

Jesús dijo: "Todavía están vivos. No están muertos". He vistos sus tumbas en Hebrón, pero no están en las tumbas. Abraham, Isaac y Jacob están vivos ahora, y si usted cree lo que dijo Jesús, estarán vivos al final de la historia. Un día, dice la Biblia, nos sentaremos con Abraham, Isaac y Jacob en el reino, y tendremos un banquete. No puedo resistir agregar que Jesús será el mesero que servirá la comida (Lucas 12:37). ¡Qué espectáculo asombroso! Sentados. "Hola, Abraham, Isaac, Jacob". Y Jesús dice: "Aquí tienen la comida". Me cuesta entenderlo. Me siento un poco como

Pedro: "Tú nunca me lavarás los pies". "No, vamos, déjame a mí servir la comida, Jesús". "No", dirá Jesús, "yo estoy sirviendo. Es el banquete de ustedes".

Dios estaba seleccionando a estos tres hombres y sus descendientes. Este pacto fue en Canaán, la tierra que les fue prometida, y tenía un aspecto nacional y uno internacional. El aspecto nacional era que Dios daría a Abraham simiente aun cuando era tan viejo y su esposa había superado la edad para tener hijos. Dios dijo: "Me encargaré de que tengas simiente y te daré una tierra en la que podrás vivir para siempre". Esa fue la promesa, ese fue el pacto. Es el lado nacional.

La palabra "propiedad" es significativa, porque la propiedad no es condicional, sino incondicional. Pertenecerá para siempre al pueblo judío.

Pero también tenía un lado internacional, que era que "a través de ti todas las familias de la tierra serán bendecidas".

Es lo que los filósofos llaman el escándalo de la particularidad. Fue la forma de Dios de trabajar: escoger un pueblo, y a través de ellos bendecir a todos los demás.

Nosotros teníamos tres hijos, y yo acostumbraba traerles golosinas todos los sábados. Era una simple costumbre familiar. Podía hacerlo en una de dos formas. O daba todos los caramelos a uno de mis hijos, diciéndole: "Compártelos con los otros dos". O podía dar a cada uno su propia bolsa.

En el segundo caso teníamos paz en la casa. En el primero, teníamos discusiones. "Tú tienes uno más que yo. No es justo". Pero esa fue la forma que escogió Dios. No escogió bendecir a los estadounidenses, los chinos, los indios y los británicos. Dijo: "Se lo estoy dando a los judíos. Ahora compártanlo con todos los demás". Por eso dependemos todos del pueblo judío. Les debemos mucho. No tendríamos la Biblia si no fuera por los judíos. No habría una iglesia si no fuera por los judíos. Todo lo que más valoro lo debo al pueblo judío. Es así como trabaja Dios. Seguramente conocerá esta pequeña poesía:

> *Qué curioso*
> *Que Dios los*
> *Haya elegido*
> *A los judíos*

y luego otro poeta agregó otra estrofa, porque pensó que era demasiado corto:

> *Pero no tan llamativo*
> *Como quienes abrazan*
> *A un Dios que es judío*
> *Y a los judíos rechazan.*

Pero muchos cristianos hacen eso. En el mejor de los casos ignoran al pueblo judío. En el peor de los casos… bueno, mejor no digo más. Los judíos han sufrido más en países cristianos que en países musulmanes. El Holocausto ocurrió en un país que era mitad protestante y mitad católico. Es una vergüenza que la iglesia haya hecho que los judíos sufrieran tanto, y tan profundamente. Debemos estar avergonzados.

Así que está el lado internacional del pacto abrahámico: "A través de ti todas las familias de la tierra serán benditas".

Pero había otro anexo en el testamento de Dios. Él dijo: "Todo el que bendiga a tus descendientes yo bendeciré, pero todo el que maldiga a tus descendientes yo maldeciré". Porque Dios es un Dios que maldice aparte de bendecir. Es un Dios que odia además de amar. Es un Dios que mata además de sanar. Es un Dios de bondad y de severidad, y tenemos que recordarlo.

Nuestra actitud hacia el pueblo que él escogió determinará la actitud de él hacia nosotros. Bendiga a un

judío, y el Dios de Israel lo bendecirá a usted. Maldígalo,
y usted será maldito.

Lo he visto ocurrir durante mi vida a un país y a personas.
El Dios que hizo todo el universo es el Dios de Israel: el Dios
de Abraham, Isaac y Jacob. Él se ha atado a ellos y nosotros
debemos recordarlo constantemente.

Ahora bien, ¿había una condición? La respuesta es "sí",
la había. La condición para sus descendientes era que debían
ser circuncidados, esa simple operación de remoción del
prepucio, significativamente del órgano de reproducción.
Llevarían en su cuerpo esa marca especial a través de
las generaciones. Se le dijo a Abraham que, si alguno de
sus descendientes se rehusara a ser circuncidado, o no se
circuncidara por algún motivo, estaría fuera del pacto. Era
una condición firme, y era la única condición (Génesis
17:14).

Yo lo explico así: cada judío que es circuncidado lleva
los títulos de propiedad de la Tierra Prometida en sus
pantalones. Esa es la verdad. Si lleva esa marca, entonces es
un descendiente de Abraham que pertenece a la tierra, y la
tierra le pertenece a él. Eso está en la raíz de los problemas en
Oriente Próximo en este momento. Pero debemos escuchar
lo que Dios dice, y no solo lo que dice la gente acerca de
esta zona.

¿Cuánto dura este pacto? Es para siempre. El propósito
de Dios al hacer este pacto es que ahora tenía un canal a
través del cual podía comunicarse con todo el mundo. Los
colocó en el medio del mundo, en la Tierra Prometida, para
demostrar cuán bendecida es la gente si vive de acuerdo
con Dios, y cuán maldita es si no lo hace. Los judíos han
sido una demostración de ambas cosas a lo largo de los
siglos. Ninguna nación ha sido más bendecida que la judía,
y ninguna ha sido más maldita. Son una demostración
viva de Dios. Cuando el rey Luis XIV de Francia pidió a

Pascal que le diera una prueba de la existencia de Dios, este le contestó: "Su majestad, los judíos". Creo que es una respuesta maravillosa. Estudie la historia de los judíos y trate de explicarla sin Dios, y tendrá una tarea difícil. Son una demostración al mundo.

5

EL PACTO CON MOISÉS (ANTIGUO)

El pacto mosaico fue hecho en el monte Sinaí, 430 años después de Abraham. Este pacto tenía que ver con la *ocupación* de la tierra, en tanto que el abrahámico les daba la *propiedad* de la tierra para siempre. Eso no significa que no hubiera ninguna condición para ocuparla. Dios les dio leyes que cubrían la vida familiar, el matrimonio, la muerte, la ropa, la comida, los residuos sanitarios... un montón de estatutos. Había 613: 10 importantes que conocemos como los Diez Mandamientos, y otros 603 que cubrían cada aspecto de su vida. Era de esta forma que debían vivir una vida santa, saludable y feliz.

"Si viven de esta forma, bendeciré la tierra y será fértil. Bendeciré sus cuerpos y no habrá ninguna enfermedad entre ustedes. No habrá pobreza entre ustedes". Un maravilloso pacto, pero había una contrapartida: "Si no viven a mi manera, entonces los maldeciré. Enviaré pestilencia, sequía, enfermedades a sus cultivos, langostas para comerlos. Enviaré terremotos. Enviaré invasores que arrasarán su país. Si eso no funciona aun, si aún siguen su camino erróneo, dejaré que entren y ocupen el país y, finalmente, si siguen rehusándose a vivir a mi manera, dejarán el país y los enviaré al exilio".

Todo eso ocurrió. Lea el Antiguo Testamento. Es la historia de un pueblo que se rehusó persistentemente a vivir a la manera de Dios. Eran obstinados, tercos. Es una historia trágica. Les llevó mil años obtener toda la Tierra Prometida, y solo quinientos años perderlo todo.

Este era el pacto *mosaico*, que era puramente nacional, y era un pacto de *seguridad* en la tierra, con esas condiciones.

Ahora bien, Dios cumple sus promesas —sea para bendecir o para maldecir— hasta el día de hoy. Si lee Deuteronomio 28, la lista de maldiciones que Dios produciría cuando no vivieran a la manera de él, está leyendo la historia del Holocausto de setenta años atrás. Es un relato increíble de lo que ocurrió en la Alemania nazi, escrito hace más de tres mil años. Dios cumplió las promesas que les había hecho. Decir algo así es bastante duro, porque una de las cosas que discuten los judíos es: "¿Dónde estaba Dios en el Holocausto?". Escuché a un solo judío que se atrevió a decir que Dios estaba maldiciendo a su pueblo. Esa persona fue Art Katz.

Pero uno no juega con Dios. Debemos tomarlo en serio. Él quiere decir lo que dice, y ha prometido bendición y maldición, no solo a los judíos sino a toda la raza humana. Un día, el Señor Jesús dividirá a las naciones como un pastor divide a las ovejas y las cabras, y dirá a los de un lado: "Vengan, benditos de mi Padre; hereden el reino". A los otros dirá: "Aléjense de mí, malditos". Jesús mismo bendecirá y maldecirá a todo el mundo.

El pacto mosaico era temporal. En realidad, solo era hasta que llegara el Mesías. Así que todas esas leyes de Moisés eran temporales, y es importante señalarlo (ver Gálatas 3:23-25). Era así para que fueran la demostración de cuán bendita y maldita podía ser una nación si vivía de acuerdo con el camino de Dios o no. El himno "nacional" de vivir a nuestra manera es, justamente, *"A mi manera"*. Esta es la esencia del pecado, y es lo que Dios no puede tolerar. Él nos dio vida, y nos dijo cómo vivirla. Cómo ser saludables y felices, cómo ser sus herederos, ¡y la mayoría de nosotros ni siquiera queremos saberlo!

A menos que usted sea cuidadoso podrá encontrarse colocado de vuelta bajo el pacto judío. Hasta los predicadores cometen este error. Para mencionar un solo ejemplo, si le han dicho que debe diezmar sus ingresos ha sido puesto de nuevo bajo un pacto que no lo afecta. En el nuevo pacto, uno *da*, no *diezma*. No hay ningún impuesto en el nuevo pacto. De hecho, dice: "Dios ama al dador alegre", ¡que no significa que cuando pasa el plato de las ofrendas uno fuerza una sonrisa! Lo que significa es que Dios no está interesado en su dinero a menos que quiera darlo. Para muchas personas un diezmo sería demasiado pequeño para lo que sienten hacia el Señor en gratitud, y para otros podría ser demasiado grande. Para una madre soltera que cuida hijos luego de ser abandonada por su esposo, el diezmo sería demasiado. Dios no quiere su dinero a menos que usted quiera darlo. Eso es lo que significa que "Dios ama al dador alegre". Él ama a un dador sacrificado y un dador habitual, y un dador alegre por encima de todo. Esto es solo un comentario al margen, pero es una ilustración de cómo podemos volver a meternos en el pacto incorrecto, porque ese pacto del diezmo formaba parte de uno que se aplica al pueblo judío y, gracias a Dios, no a mí.

Para ilustrarlo, unos años atrás creyentes de Israel y árabes ser reunieron y descubrieron que no compartían suficientes cosas realmente como para reunirse, y pronto empezaron a discutir entre ellos. Sintieron la necesidad que tener a alguien de afuera que los tomara de las cabezas y dijera: "Arréglenlo". Por unanimidad, sugirieron que fuera yo. Me llamaron por teléfono y dijeron: "¿Podría venir de inmediato a Israel? Lo necesitamos".

Es bastante caro comprar un boleto a último momento. Descubrí que saldría alrededor de 680 libras. Así que les dije:

"No tengo ese dinero y no se lo puedo pedir a ustedes". Lo que ocurrió fue que los jóvenes creyentes israelíes y árabes se juntaron, vaciaron sus bolsillos, reunieron el dinero que tenían y consiguieron el equivalente de 120 libras. Mientras, fui al aeropuerto de Luton y pregunté a la persona en el mostrador de boletos: "¿Tiene algún vuelo chárter que vaya a Israel?".

"Sí, hay uno que está por partir", me contestó.

"¿Podría ponerme en ese vuelo?".

La respuesta fue: "No, todos los asientos están ocupados".

Dije: "¿Está segura de que no me puede poner en ese vuelo?".

"Bueno, puede tener un asiento de la tripulación. Usted sabe, esos asientos que se levantan y miran hacia atrás, donde se sienta la tripulación. ¿Quisiera uno de esos? No son muy cómodos".

"¿Cuánto me cobrará?".

"120 libras".

Era la cantidad exacta que los jóvenes en Israel habían juntado. Así que subí al avión y me senté mirando hacia atrás, frente a una fila de personas. Noté que era el único gentil en el avión. Todos los otros pasajeros parecían que estuvieran yendo a Jerusalén a visitar a sus familiares. Noté que los tres que estaban sentados frente a mí eran rabinos. Comimos una buena comida *kosher* y entonces pensé: "Tengamos una conversación". Le dije al primer rabino: "¿Usted guarda la ley de Moisés?".

"Por supuesto que la guardo".

Dije: "¿Y esta ley?".

"Bueno, no guardamos esa. Guardamos otra en cambio".

"Ah, ¿no guardan todas las leyes de Moisés?".

Entonces dije al segundo: "¿Guarda usted la ley de Moisés?".

"Oh, sí, todos guardamos la ley".

Dije: "¿Y ésta?".

"Es que no podemos guardar esa porque no tenemos un templo".

"Ah, así que no guardan todas las leyes de Moisés".

Con el tercer rabino hubo la misma repuesta.

Finalmente, el primero me miró a los ojos y dijo: "¿Qué es usted, un judío ortodoxo, liberal, reformado?".

Dije: "No, ninguno de esos".

Entonces dijo: "Sé quién es usted. Usted es un cristiano. Piensa que no necesita guardar la ley de Moisés".

Dije: "No, es cierto. ¡Y es un gran alivio para mí que ninguno de ustedes está guardando las leyes de Moisés!".

Lamentablemente, poco después aterrizamos en lo que hoy es el aeropuerto Ben Gurión, y la conversación terminó.

Es que la ley de Moisés es para los judíos. Cuando uno se pone bajo la ley de Moisés, se mete en problemas, si es un gentil. Volveremos a esto más adelante, pero es lo que ocurre cuando uno mezcla los pactos de la Biblia. Cada pacto es para un pueblo específico, para un período específico, y tenemos que hacer todas estas preguntas acerca de los diferentes pactos.

6

EL PACTO CON DAVID

El pacto que Dios hizo con el rey David tenía que ver con la *sucesión*. El reino de Israel bajo David alcanzó su pico, con sus fronteras más extendidas. La mayoría de la Tierra Prometida, si no toda, era de ellos. Tenían paz. Los filisteos habían sido derrotados. Otras naciones habían sido absorbidas por el reino de David, que era ahora un imperio. Todavía hoy los judíos miran atrás al tiempo de David como el mejor de su historia. Yo tengo dos anillos, y ambos tienen el nombre "David" inscrito en hebreo. Uno me lo dio mi esposa en nuestro 25º aniversario, y vi cómo un pequeño judío en Jerusalén lo hacía. Grabó los muros de Jerusalén en el anillo y mi nombre encima. Mi esposa me lo dio para recordarme que fuera un "atalaya en el muro".

El otro anillo fue descubierto en Londres cuando estaban excavando los fundamentos para un nuevo bloque de apartamentos. Se descubrió que estaban excavando en un viejo cementerio judío. Junto con los huesos encontraron un anillo con el nombre "David" inscrito, y me lo dieron. Estoy muy agradecido por esto. No sé a quién pertenecía. Solo que era a un judío llamado David mucho tiempo atrás.

Cuando Israel estaba en el pico de su poder, Dios hizo un pacto con David y, en sus últimas palabras, en su lecho de muerte, él agradeció a Dios por este pacto. Era una mezcla de nacional e internacional. Del lado nacional, Dios prometió sucesores que se sentarían en el trono si guardaban sus mandamientos.

Pero había otra parte de la promesa: un día habría un hijo de David que se sentaría en el trono de David para siempre, y sería no solo el rey de los judíos sino el rey de todo el mundo, de todas las naciones. Eso es el pacto davídico. ¡Qué pacto! Sabemos quién fue ese hijo. Fue el Mesías a través de quien el nuevo pacto sería establecido, el ungido. El *ungido*, en hebreo, es *Maschiah*, de donde sacamos el nombre *Mesías*. En griego es *Christos*, de donde sacamos *Cristo*. Ese no es el apellido de Jesús. Significa Mesías. Me gustaría que lo usáramos, en vez de Cristo. Nos recordaría que es judío, y que está cumpliendo los pactos judíos. Si, en vez de decir "el Señor Jesucristo", dijésemos: "el Señor Jesús, Mesías", entonces estaríamos señalando realmente el significado: el rey de los judíos.

El breve reinado de varios hijos fue condicional a que guardaran los mandamientos, pero el reinado único de un Hijo era incondicional, y duraría por siempre. Los otros serían reyes temporales en el trono de David, pero una vez que llegara Jesús, él sería el Rey permanente. Esto era para hacer visible el reino de Dios en la tierra. No fuimos hechos para la democracia; es algo ajeno a la raza humana. Recuerdo haber visto la película *Los Diez Mandamientos*, de Cecil B DeMille. Él apareció en la pantalla al principio y dijo: "Esta película es acerca de los comienzos de la democracia". Pensé: "¿Democracia? ¿No conoces la Biblia? No hay una traza de democracia en la Biblia". Winston Churchill dijo: "La democracia es la peor forma posible de gobierno, excepto todas las demás". Una declaración bastante profunda, si lo piensa. No fuimos hechos para elecciones democráticas, partidos políticos y un gobierno. Fuimos hechos para vivir en un reino bajo un rey que fije las reglas. Muchas personas piensan que es una idea espantosa, pero yo las persuadiría en dos minutos a que cambien de idea. El problema con los reyes es que la mayoría de ellos son malos, el poder se les sube a la cabeza, son corruptos y son sobornados, y todo sale mal.

Pero ¿qué pasaría si yo pudiera encontrar un rey que ha entregado su vida por todos, y que se preocupa especialmente por los pobres, alguien que no está interesado en el poder, la riqueza o la fama, sino que quiere servir a todos, aun a costa de su propia vida? ¿Le gustaría un rey así? ¡La respuesta es que hemos encontrado a uno! En Hechos, los primeros cristianos fueron perseguidos porque decían: "Hay otro rey". Ese es nuestro evangelio: hemos encontrado el rey perfecto, y un día será rey sobre cada nación.

Diga a los demás que un día tendrán un rey, y que será judío. Eso es la verdad, porque el pacto davídico será cumplido, y ha sido cumplido. Hemos encontrado la persona perfecta para que nos gobierne, cuyo servicio es libertad perfecta.

En el próximo capítulo reflexionaremos sobre el nuevo pacto, y cómo afecta a todos los demás que hemos considerado.

7

EL PACTO MESIÁNICO (NUEVO)

El pasaje que sigue combina todo lo que he estado enseñando aquí, vinculando a Israel con el "nuevo" pacto.

Vienen días —afirma el Señor— en que haré un nuevo pacto con el pueblo de Israel y con la tribu de Judá. No será un pacto como el que hice con sus antepasados el día en que los tomé de la mano y los saqué de Egipto, ya que ellos lo quebrantaron a pesar de que yo era su esposo —afirma el Señor—. Este es el pacto que después de aquel tiempo haré con el pueblo de Israel —afirma el Señor—: Pondré mi ley en su mente, y la escribiré en su corazón. Yo seré su Dios, y ellos serán mi pueblo. Ya no tendrá nadie que enseñar a su prójimo, ni dirá nadie a su hermano: "¡Conoce al Señor!", porque todos, desde el más pequeño hasta el más grande, me conocerán —afirma el Señor—. Yo les perdonaré su iniquidad, y nunca más me acordaré de sus pecados. Así dice el Señor, cuyo nombre es el Señor Todopoderoso, quien estableció el sol para alumbrar el día, y la luna y las estrellas para alumbrar la noche, y agita el mar para que rujan sus olas: «Si alguna vez fallaran estas leyes —afirma el Señor—, entonces la descendencia de Israel ya nunca más sería mi nación especial». Así dice el Señor: «Si se pudieran medir los cielos en lo alto, y en lo bajo explorar los cimientos de la tierra, entonces yo rechazaría a la descendencia de Israel por todo lo que ha hecho —afirma el Señor—.

Jeremías 31:31-37 NVI

Estamos pensando en cinco pactos en la Biblia, y hemos considerado cuatro. Hemos notado que los cinco pactos pueden encontrarse en lo que llamamos el Antiguo Testamento, y los cinco pactos pueden encontrarse en el Nuevo Testamento. Pongo énfasis en esto, porque nuestras Biblias han sido divididas en Antiguo y Nuevo Testamento, que se presta a bastante confusión. No sé quién puso esos títulos, pero fue un error. Estoy bastante seguro de que Dios no inspiró esos nombres, porque "testamento" y "pacto" son la misma palabra.

Cuando una parte de la Biblia se llama *antiguo* pacto o *Antiguo* Testamento, y la otra mitad se llama *Nuevo* Testamento, da la impresión de que todo lo que está bajo el antiguo es obsoleto, que "ha excedido la fecha de vencimiento", que todo lo que está en el "Nuevo" es diferente, especial, fresco, y que debemos concentrarnos en el Nuevo. Nada podría ser un error mayor. Espero que lea toda la Biblia (de "generación" a "revelación"), de principio a fin.

Recuerdo haber entrado en una casita de campo donde había un anciano sentado junto al fuego, leyendo la Biblia. Cada vez que iba a verlo estaba leyendo su Biblia, y le dije: "¿Cuántas veces ha leído la Biblia?".

Me contestó: "Varias veces".

"¿Cuántas veces?".

"Dieciocho veces".

"¿Por qué la lee completa?", seguí. Yo era joven, y nunca había hecho eso.

Contestó: "Porque no me quiero perder nada". Me gusta eso. ¿A usted no?

Luego había una anciana que leía la Biblia y le pregunté: "¿Por qué está leyendo la Biblia?".

Dijo: "Estoy estudiando para mis finales", que es una respuesta bastante buena.

Hemos mencionado que los cinco pactos están en el Antiguo Testamento, los cinco están en el Nuevo Testamento, pero de estos cinco solo uno es llamado antiguo pacto y solo uno es llamado nuevo pacto, y el último reemplazó al primero. El nuevo lo llamamos *mesiánico*, porque fue establecido por Jesús mismo, el Mesías, el Cristo. Miremos ahora el nuevo pacto. Es apasionante.

EL "NUEVO" PACTO – completado

1. Anunciado en el Antiguo Testamento

JEREMÍAS - ¿QUÉ?
a. Inclinación   **PADRE**
         Por lo tanto: interno
                    individual
b. Intimidad
c. Inocencia

ISAÍAS - ¿QUIÉN? |
a. Soberano supremo   **HIJO**
b. Siervo doliente |

EZEQUIEL - ¿CÓMO?   **ESPÍRITU SANTO**
a. Espíritu humano renovado
b. Espíritu Santo recibido

2. Alcanzado en el Nuevo Testamento

SEÑOR JESUCRISTO
a. Expiación – para quitar nuestros pecados
                         resurrección en el medio
b. Ascensión – para llenarnos con el Espíritu Santo

EL ESPÍRITU SANTO
a. Bautizado en – una vez
b. Llenado con – continuamente

PUEBLO DEL NUEVO PACTO
a. Cuerpo de Cristo – su rebaño y su familia
b. Comunión del Espíritu – sus dones y su fruto

Fue *anunciado* en el Antiguo Testamento, mucho tiempo antes que fuera establecido, y fue anunciado por tres de los profetas del Antiguo Testamento: Jeremías, Isaías y Ezequiel. Cada uno aportó un ángulo diferente de este nuevo pacto que Dios haría, que sería tan diferente del viejo pacto, y tanto mejor, que el que fue hecho con Moisés en el monte Sinaí. De hecho, Jeremías capítulo 31 decía: *"No* será como el pacto que hice con ustedes cuando los saqué de Egipto". Ese era el de Sinaí; este sería muy diferente.

Jeremías anunció *qué* sería, cuáles serían sus condiciones/disposiciones. Luego Isaías anunció *quién* lo traería y lo establecería. Ezequiel anunció *cómo* funcionaría. Cuando juntamos estas tres cosas obtenemos un cuadro maravilloso de cómo sería este nuevo pacto.

Comencemos, entonces, por Jeremías. ¿Qué es el nuevo pacto? Lo primero que debemos notar es la *inclinación*. ¿A qué me refiero? Este nuevo pacto sería escrito no en tablas de piedra sino *en la mente y el corazón de las personas.* Sería escrito *adentro* de las personas y no *afuera* de ellas. ¿Qué significa esto?

Significa que no solo se les diría cómo debían vivir, sino que se les daría el deseo de vivir de esa forma. Iban a *desear* vivir correctamente, y esa es la diferencia. El viejo pacto les decía cómo debían vivir, pero no les daba el incentivo. Cuando uno confronta a las personas con mandamientos del tipo "No harás esto o lo otro", hay algo en la naturaleza humana que desea ir a hacerlo. Ese es el problema con el antiguo pacto, aunque sus mandamientos eran buenos, al igual que los Diez Mandamientos.

Un niñito fue a la escuela el primer día, y la maestra le dijo: "¿Cómo te llamas?". Dijo: "Johnny No". Le dijo: "Estoy seguro que ese no es tu nombre". Él dijo: "Pero es así como me llama mi mamá siempre: 'Johnny, no'". Había otro niñito que se levantó de la mesa antes de terminar de comer, y la mamá le dijo: "Siéntate", pero no se sentó. Así que le volvió a gritar: "¡Te dije que te sientes!". Se quedó de pie. Entonces la mamá se enojó realmente y dijo: "Siéntate o verás qué te pasa". Se sentó y dijo: "La parte de afuera de mí está sentada, pero la parte de adentro está parada".

Estos son niños, pero los adultos son tan malos como ellos. Recuerdo un estudiante en Cambridge que colgó un cartel en la puerta de su habitación que decía: "Silencio: estoy estudiando". Así que todos pasamos golpeando los pies y haciendo barullo en el pasillo. Dígale a alguien que no haga algo y lo está invitando a hacerlo. Eso es la naturaleza humana, porque estas reglas están escritas afuera de nosotros, no adentro. Cuando la regla está escrita en su corazón y su mente, lo querrá hacer.

En algunas iglesias de Inglaterra recitan los Diez Mandamientos en el culto de domingo a la mañana. Se supone que la respuesta que las personas deben dar después de cada mandamiento es: "Señor, inclina nuestros corazones para que guardemos esta ley". El viejo pacto estaba tratando con corazones que tenían una inclinación a no obedecer, pero el nuevo pacto cambiará el corazón y lo inclinará a obedecer, queriendo hacer lo bueno, queriendo obedecer a Dios, queriendo hacer lo que él dice, y queriendo vivir de la forma que él quiere que viva. Ese es el nuevo pacto. El pacto de Moisés nunca hizo eso.

La segunda cosa que debemos notar acerca del nuevo pacto es la *intimidad*. Jeremías enseña que, en el nuevo pacto, todos conocerían al Señor personalmente, no de segunda mano. No tendrían a Moisés bajando del monte, hablándoles *acerca de* Dios, sino que lo *conocerían*. Cuando uno conoce a alguien, sabe cuándo está molesto *porque* lo conoce. He vivido con mi esposa ahora más de cincuenta años. La conozco. No me tiene que decir cuando estoy en problemas. Lo sé. Solo se queda callada.

Por lo general, cuando estoy de viaje la llamo y le digo: "Llegué bien". Una vez fui a Australia, la llamé y le dije: "Hola, querida. ¿Hola?". Dije: "¿Eres tú, querida?". Hubo una larga pausa.

"Sí". Otra pausa larga.

"¿Estás bien?".

"Sí". Otra pausa.

"¿Estás segura de que está todo bien?".

"Sí". Otra pausa más.

Pensé: "Auxilio. ¿Qué hice mal? Estoy seguro que le di un beso cuando me fui. ¿Qué me pidió que hiciera antes que me fui y que no hice?". Estaba transpirando realmente en Australia. Entonces me di cuenta, de pronto, que era el tipo de pausa cuando el mensaje subía y bajaba al satélite. ¡Vaya alivio!

Es que basta que ella haga silencio y yo *sé*. Cuando uno recién se casa la esposa le tiene que escribirle notitas. Usted llega tarde y encuentra una pequeña nota en la mesa de la cocina: *Tus pantuflas están en la heladera, tu cena la tiene el perro y yo me acosté con un dolor de cabeza*. Usted sabe que está en problemas. Pero ella no necesita escribirme ahora, porque la conozco y puedo darme cuenta de inmediato que la he disgustado, la he apenado, hice algo que no quiere que haga, o no he hecho algo que ella quería que hiciera. Yo *sé*.

Es así el nuevo pacto entre usted y el Señor. Usted sabe cuando lo ha disgustado. Usted sabe cuando ha hecho que él no quería que hiciera. Simplemente lo sabe porque lo conoce.

No necesita que nadie más le diga cuando ha hecho algo malo. Usted *sabe*, y es hermoso tener esa relación íntima con el Señor.

La *inocencia* es la tercera característica de este nuevo pacto del que habla Jeremías. Porque si hay una cosa que arruina una relación es la culpa. Si usted se siente culpable por algo, no puede estar relajado con alguien que ama. La culpa se interpone entre ambos. Usted tiene algo que no quiere que sepa la otra persona. Le está ocultando un secreto.

Hay esposos que llevan flores a sus esposas, y ellas le dicen: "¿En qué te has metido ahora?". Ser realmente perdonado es una hermosa experiencia, porque uno está limpio. Uno vuelve a ser inocente, y cuando uno es inocente puede entregarse como un niño, sin reservas. En este nuevo pacto, Jeremías dice: "Dios perdonará tus pecados y nunca más los recordará". Dios controla su memoria, aunque yo no puedo controlar la mía. Cuando he hecho algo malo, no puedo perdonarme, porque no puedo olvidarlo. Pero Dios puede controlar su "olvidatorio", su memoria, y dice: "Ya no recordaré".

Una noche de domingo tarde estaba cerrando el edificio de la iglesia y apagando las luces, y noté una anciana sentada en la primera fila, llorando desconsoladamente. Me senté al lado y le dije: "Dígame, querida, ¿qué le pasa? ¿Por qué está tan infeliz?".

Dijo: "Veinte años atrás hice algo terrible. Estoy muy avergonzada. Si lo supiera mi familia, me rechazarían. No volverían a hablarme. Si lo supieran mis amigos, los perdería a todos". Pero dijo: "Lo peor es que, durante todos estos años he estado pidiendo al Señor que me perdone, y nunca lo ha hecho".

Le contesté: "Oh, pobre criatura, por todos esos años que ha estado hablando de esto al Señor y él no sabe de qué está hablando. Porque la primera vez que le pidió perdón la perdonó, se olvidó de todo".

Ella dijo: "No puedo creerlo".

Es que *ella* no podía olvidarlo, así que pensó que el Señor tampoco podía hacerlo. Tuve que llevarla por un recorrido de la Biblia, versículo por versículo, donde Dios dice: "No lo recordaré". Finalmente se dio cuenta de la verdad y se puso de pie —esta viejecita que calculo habría estado pisando los ochenta años— y se puso a bailar por toda la iglesia vacía. Me quedé sentado mirándola simplemente. Estaba bailando de alegría porque Dios se había olvidado.

Solo Dios puede hacerlo. Nadie más puede olvidar. Por

eso nos cuesta tanto perdonarnos unos a otros, y cuesta sentirse perdonado cuando uno siente que se ha defraudado uno mismo, porque uno no puede olvidar. Uno puede enterrarlo en el subconsciente, pero es asombroso cómo tiene el hábito de aparecer de pronto en momentos inesperados. Basta un sonido o un olor, o algo que le recuerde el hecho, y vuelve, años después. *Pero saber que Dios ha olvidado es otra cosa.*

A veces pienso que cuando vea al Señor cara a cara le diré: "Oh, Señor, lamento algunas de las cosas que hice. Lo lamento tanto". Y él me dirá: "¿Qué hiciste, David? No lo recuerdo". ¡Qué milagro! Eso es el perdón.

El nuevo pacto le da un corazón que quiere guardar las leyes de Dios. El nuevo pacto le dará conocimiento de Dios de modo que usted sepa inmediatamente cuándo lo ha disgustado, y el nuevo pacto le dará una conciencia limpia, para que no haya nada entre usted y él. ¡Qué pacto! Es mejor que la ley de Moisés. Muchísimo mejor.

Este nuevo pacto del que nos habló Jeremías es un pacto *individual*. No se hace con naciones, sino con personas. Sus padres podrán estar en el pacto, pero no significa que usted lo estará, porque es un pacto individual. De hecho, un esposo podrá estar en el pacto y la esposa no, o la esposa sí pero el esposo no. Uno no puede ocultarse detrás de nadie.

En este pacto, uno entra por su cuenta y Dios hace un pacto con usted como individuo. Es lo que está escrito en Jeremías 31. Es un pacto *interno* también, dentro de usted, escrito en su corazón.

Vayamos ahora al profeta Isaías, que habló también acerca del nuevo pacto. Pero él habló de la persona que lo haría, que lo establecería entre Dios y las personas.

Dijo dos cosas acerca de esta persona. En la primera mitad de Isaías habló del soberano supremo, un rey, un gobernante. El gobierno estaría sobre su hombro. Sería el príncipe de paz, sería el Padre eterno, sería un consejero admirable. Pero, por encima de todo, sería un rey conquistador, y esa es una imagen muy fuerte. Pero luego, en la segunda mitad del libro, el profeta cambia el tono y habla del siervo doliente.

Usted probablemente conozca los cinco cánticos acerca del siervo doliente, pero hay uno en particular que es muy hermoso, en Isaías 53: "Él fue traspasado por nuestras rebeliones, y molido por nuestras iniquidades; sobre él recayó el castigo, precio de nuestra paz, y gracias a sus heridas fuimos sanados". Es un cuadro de alguien que está sufriendo terriblemente, sufriendo por los pecados de su pueblo, y que ni siquiera alza la voz, como una oveja en el matadero, permaneciendo mudo mientras las personas lo matan. Bueno, sabemos de quién trata, aun cuando fue escrito mil años antes de Jesús. Ese es nuestro Salvador.

Es una combinación extraordinaria: soberano supremo y siervo doliente. Los judíos, aun al día de hoy, no pueden unir estas dos cosas. Llegan a creer que probablemente vengan dos Mesías. Un Mesías ben José y un Mesías ben David, es decir un Mesías hijo de José y un Mesías hijo de David. Están bastante equivocados en esto. Simplemente no pueden unir ambas cosas, pero nosotros sí, porque sabemos que esa persona viene dos veces a la tierra, que ha sido el siervo doliente y que volverá como soberano supremo. Así que, para nosotros, es la misma persona, pero en dos visitas al planeta Tierra. No son dos personas diferentes.

Hemos notado un ejemplo de un testamento o pacto es cuando uno hace su última voluntad y testamento, y deja su propiedad o dinero a otra persona. Es su testamento. Usted puede cambiarlo mientras está vivo, pero no después de muerto. De hecho, esa "última voluntad" no puede entrar en vigencia *hasta que* usted muera. Hasta entonces, es solo un pedazo de papel, pero después lo que usted ha legado a sus herederos puede ser entregado a ellos.

El Nuevo Testamento dice esto acerca del nuevo pacto, que no podría entrar en vigencia hasta que el que lo estableció haya muerto. La noche antes de morir, Jesús dijo: "Esto es mi sangre del nuevo pacto". Él tenía que morir para que usted pudiera heredar el pacto. Eso fue exactamente lo que ocurrió. Mediante su muerte doliente, nuestro Señor Jesús nos dio un nuevo pacto. Por eso usted tiene comunión de manera regular en la iglesia, tomando pan y vino para recordar. Él tenía que morir para que usted pudiera tener el nuevo pacto. Cuando usted bebe de la copa se le dice: "Esto es mi sangre del nuevo pacto". Jesús dice: "Bébanlo en memoria de mí".

Ahora vamos a Ezequiel, y vemos lo que dice acerca del nuevo pacto. No dice mucho acerca de *qué* es o *quién* lo establece, pero dice mucho acerca de *cómo* ocurrirá. ¿Cómo puede ser la ley escrita en nuestro corazón? ¿Cómo puede ocurrir todo este cambio? Nos dice dos verdades vitales.

Primero, dice que, en el nuevo pacto, el espíritu humano será hecho blando y tierno; el corazón de piedra se convertirá en un corazón de carne. Usted será una persona más blanda, una persona más sensible. Su espíritu humano cambiará, básicamente, porque cuando pecamos nos volvemos resistentes y duros. No respondemos a otras personas con demasiada calidez. Pero Dios cambiará todo eso, y el espíritu humano será más blando adentro. Y entonces podrá escribir sus leyes en ese corazón más blando.

La otra cosa que hará es dar su Espíritu Santo a las personas. Una cosa que está muy clara es que nunca disfrutaremos del nuevo pacto hasta que recibamos el Espíritu Santo. Es absolutamente esencial. Ezequiel sabía, aunque estaba escribiendo cientos de años antes que el pacto fuera hecho posible, cómo funcionaría, cambiando el espíritu humano y dando el Espíritu Santo.

Todo eso fue siglos antes de que ocurriera, y en un sentido, al leer a estos tres profetas uno tiene un vislumbre del Padre en Jeremías, del Hijo en Isaías y del Espíritu Santo en Ezequiel.

Así que aun en el Antiguo Testamento uno tiene un atisbo de las tres personas de la deidad, que trabajan en conjunto para nuestro bien. Y uno no puede ir realmente a ninguna parte sin el Padre, el Hijo y el Espíritu Santo. Trabajan en conjunto para llevarnos al nuevo pacto.

Lo que fue *anunciado* en el Antiguo Testamento se *alcanza* en el Nuevo Testamento. Realmente ocurre y, nuevamente, es el Señor Jesucristo quien lo logra, primero muriendo para quitar nuestros pecados y luego ascendiendo al cielo para derramar su Espíritu Santo sobre nosotros, con la resurrección en medio.

Sin la muerte, sepultura, resurrección y ascensión, usted y yo nunca podríamos entrar en el nuevo pacto, pero como él hizo todo eso por nosotros, podemos hacerlo.

Pero no solo el Señor Jesús. Necesitamos más que el Señor Jesús para entrar en el pacto Necesitamos la tercera persona de la Trinidad, el Espíritu Santo. Necesitamos ser bautizados primero en el Espíritu Santo. En cada uno de los cuatro Evangelios se nos dice esto, al principio mismo. Juan el Bautista dijo: "Yo puedo bautizarlos en agua, pero él los bautizará en el Espíritu Santo".

Todos necesitan dos bautismos: un bautismo en agua y un bautismo en el Espíritu Santo. Yo tendría que decir lo que Juan dijo: "Yo puedo bautizar a una persona en agua. Lo que no puedo hacer por ustedes es bautizarlos en el Espíritu Santo. La única persona que puede hacerlo es Jesucristo.

¿Ha sido bautizado usted en el Espíritu Santo? ¿Sabe lo que significa? Una cosa que significa es ser llenos hasta desbordar del Espíritu Santo de Dios. Entonces, ¿cómo sabemos cuándo estamos llenos hasta desbordar? ¿Cómo sabe usted cuándo el tanque de su coche está lleno? ¡Desborda! Hay un agujero en la parte de arriba del tanque

que, cuando está lleno, desborda. Estoy seguro que en su bañadera verá que hay un agujero justo debajo de los grifos. Les confieso una debilidad ahora. Me encanta darme un baño caliente y hasta puedo escribir todo un libro en mi cabeza en un baño caliente, porque estoy relajado. Estoy mirando en la dirección correcta y hasta tengo una antena parabólica para recibir mensajes del espacio exterior. Puedo quedarme en el baño hasta que se enfría, y aún estoy pensando los pensamientos de Dios. Pero el problema es que, si me meto adentro rápidamente, el agua sale por el agujero debajo de los grifos, el "desborde". Hace un horrible sonido de gorgoteo, y la señora de abajo me grita: "Ha acaparado toda el agua caliente de nuevo". Eso es un desborde. Ahora, ¿sabía que Dios ha dado a cada uno de nosotros un desborde? Es un pequeño agujero un par de centímetros debajo de la nariz, ¡y si coloca su dedo en la punta de la nariz y empieza a bajar, encontrará su "desborde"!

De lo que usted esté lleno saldrá por su boca. Si está lleno de alegría, se reirá. No puede evitarlo. Desborda.

Cuando está lleno de temor, grita. Sale al exterior.

Cuando está lleno de ira, grita.

Cuando está lleno del Espíritu Santo, algo saldrá de su boca. Podría ser un idioma completamente nuevo. Podría ser cualquier cosa, pero estará lleno hasta desbordar. Estaba sentado con un misionero en Brasil, en un parque público. Me dijo: "David, he intentado servir al Señor fielmente. He sido un misionero aquí durante diez años. Nunca he visto milagros realmente. No estoy avanzando mucho, y estoy tratando de hacer lo mejor que puedo para el Señor". Y creo que realmente era así. "Pero no creo que haya sido llenado realmente jamás con el Espíritu Santo. ¿Quisieras orar por mí?".

Bueno, simplemente puse la mano sobre la cabeza, sentado, y dije: "Señor, llena a este hombre hasta desbordar".

Abrió la boca y gritó: "¡Aleluya!". Todos en el parque giraron y traté de alejarme disimuladamente de él, y luego le dije: "¿Alguna vez hiciste eso antes?".

Contestó: "Nunca. Soy un inglés reservado. Nunca gritaría en público así". Entonces dijo: "¿Es esto?".

Le dije: "Te acabo de escuchar desbordar. Es esto".

En veinticuatro horas había sanado a dos personas enfermas, algo que nunca antes había hecho.

Eso es lo que entiendo que es el bautismo en el Espíritu —ser llenos hasta desbordar del Espíritu Santo— y es así como uno sabe cuándo está lleno, porque no lo puede mantener adentro.

Les contaré mi testimonio acerca de cómo fui llenado con el Espíritu Santo. Había un hombre en nuestra iglesia que era el autodesignado "líder de la oposición". ¿Tiene su iglesia alguien así? Creo que Dios pone uno en cada iglesia simplemente para que estemos atentos. Me harté de ese hombre. Ante todo lo que yo sugería decía una de dos cosas: "Nunca lo hicimos antes y no vamos a intentarlo ahora" o "Ya lo hicimos y no funcionó". Todo lo que yo sugería él se encargaba de que no se hiciera. Solía volver a casa de una reunión de iglesia y decía a mi esposa: "¡Oh, Jimmy!". Ella me decía: "Mira, todos los demás miembros están contigo. Es solo Jimmy".

Una vez al año tenía un alivio maravilloso de James. Sufría de problemas en el pecho y desarrollaba fiebre de heno en primavera, así que el médico lo hacía guardar cama hasta seis semanas. Él apenas podía respirar, pero yo tenía seis semanas en las que podía hacer mucho en la iglesia sin el líder de la oposición. Ocurría una vez al año.

Fui a visitarlo y durante todo el camino escuchaba "James 5", "James 5", "James 5", y pensé: "Bueno, ese es su nombre, pero ¿el número 5?". ¡Tal vez usted lo sepa! En la carta de Santiago [Santiago en inglés es James], dice: "¿Está enfermo alguno de ustedes? Haga llamar a los ancianos de la iglesia para que oren por él y lo unjan con aceite en el nombre del Señor". Pensé: No quiero hacerlo con James. De hecho, nunca lo había hecho hasta entonces.

Cuando llegué, le dije: "Hola, James, ¿cómo estás?".

Me preguntó: "¿Qué piensas de Santiago 5?".

Contesté: "¿Por qué preguntas?".

"Quiero que me lo apliques. Tengo que ir a Suiza para negocios el jueves a la mañana, y los médicos me han dicho que tengo que quedarme en la cama tres semanas".

Ahí estaba, acostado de espaldas en la cama, con un rostro gris, esforzándose por respirar, con sus pulmones llenos".

"¿Vendrías a hacerlo?".

Dije: "Voy a orar por esto".

Es una excelente escapatoria, ¿no es cierto? Fui a casa e intenté orar. "Señor, por favor dime por qué no debería hacer esto. Debe haber una buena razón". Pero el cielo era como de bronce, y no recibí ninguna respuesta.

El miércoles su esposa llamó y me dijo: "James pregunta si vendrás a ungirlo con aceite".

Accedí. "Está bien, iré esta noche y llevaré algunos de los otros líderes". Salí y compré una botella grande de aceite de oliva. Luego, esa noche, partí. Ahí estaba, en su dormitorio, acostado, luchando por respirar. Abrí la Biblia en Santiago 5 y lo recorrí como si fuera el manual de un coche, simplemente haciendo todo lo que decía. Lo primero que decía era: "confiésense los pecados unos a otros". Pensé que debíamos comenzar por el principio y dije: "James, nunca me gustaste". Él dijo: "Es mutuo". Así que tratamos con eso.

Después decía que había que orar, y lo hicimos. Luego decía que había que ungir con aceite, así que saqué la botella de aceite, desenrosqué la tapa y derramé todo el aceite sobre la cabeza. Adivine lo que pasó. ¡Absolutamente nada! Estaba ahí jadeando, y me pregunté: "¿Para qué me metí en esto?". Me di la vuelta para salir rápidamente del dormitorio y pensé: "Estará peor que nunca ahora. Pensará lo peor de mí". Busqué la puerta y pregunté: "¿Todavía tienes tu pasaje para Suiza para mañana?".

"Por supuesto".

"Te llevaré al aeropuerto", le ofrecí.

Entonces salí a toda velocidad, y no dormí en toda la noche.

La mañana siguiente no quería verlo. Deseaba no haber ido nunca, así que traté de preparar un sermón, intentando olvidarlo.

Sonó el teléfono. Cuando atendí, una voz dijo: "Hola, James acá. ¿Puedes buscarme y llevarme al aeropuerto?".

"¿Estás bien, James?", pregunté.

"Sí, estoy perfecto".

"¿Qué pasó?".

Dijo: "En el medio de la noche sentí como si dos manos exprimieran el pecho. Tosí y salió un balde de líquido de los pulmones, y pude respirar".

"¿Has ido al médico?", pregunté.

"Sí, y el médico dice que estoy perfecto. De hecho, hasta fui a la peluquería. El peluquero dijo: 'Me temo que tendré que lavarte el cabello primero. Nunca vi un cabello tan grasoso en mi vida'".

Ahora, le diré tres cosas. Primero, nunca volvió a tener ese problema. Segundo, fue lleno del Espíritu. Y, tercero, se convirtió en mi mejor amigo.

Pero he omitido la parte más importante, antes que fuera a hacer eso para él. Entré solo en la iglesia. Me arrodillé en el púlpito e intenté orar por James. ¿Alguna vez intentó orar por una persona enferma cuando desea que siga estando enferma? No es fácil. Luche para orar por él, y dije: "Señor, no quiero que se mejore". Entonces, para mi asombro, me encontré orando por James con todo mi corazón y alma. No estaba orando en inglés. Sonaba un poco a chino, y oré una hora aproximadamente en ese idioma.

Recuerdo haber mirado el reloj y pensar: "¿He estado orando una hora?". ¡Sí! Comencé a orar de nuevo en lo que sonaba a ruso. Estaba orando con todo mi corazón y alma por James. En ese momento entendí Hechos 2. Fue entonces que supe lo que era recibir el Espíritu Santo, ser bautizado en el Espíritu Santo. Ahora me encontré haciendo cosas que nunca había hecho antes en mi vida. Podía sanar a personas, podía darles palabras de sabiduría y de conocimiento. Podía profetizar. Se me abrió todo un mundo nuevo.

Ese es el nuevo pacto, y eso es ser bautizado en el Espíritu Santo. Estoy muy contento de que me haya ocurrido cuando estaba solo y no estaba pensando que otra persona estaba participando, excepto Jesús.

Pero eso es solo el principio, es solo una experiencia de una sola vez. *Seguir* siendo llenado, ése es el secreto, porque tenemos fugas. Tenemos que seguir siendo llenados con el Espíritu Santo. Todo eso hace real el nuevo pacto.

El Espíritu está escribiendo las leyes de Dios en su corazón. El Espíritu está ablandando su corazón de piedra. El Espíritu está transmitiéndole el perdón de Dios y dándole una conciencia limpia. ¡Qué regalo! Ese es el nuevo pacto que fue alcanzado en el Nuevo Testamento por nuestro Señor Jesucristo y su Espíritu Santo. Cristo trabajando *para* nosotros, el Espíritu Santo trabajando *en* nosotros. Ese es el nuevo pacto, y es el mejor pacto de toda la Biblia.

Eso lo coloca a usted en un nuevo *pueblo del pacto*. Aun cuando le ocurre a usted como un individuo, ahora usted siente lo que se llama la comunión del Espíritu con toda clase de gente. Personas de las que difícilmente habría sido amigo, ahora usted reconoce el mismo Espíritu Santo en ellas que en usted. No importa la personalidad de ellas, no importa su raza, no importa su trasfondo, usted reconoce el *mismo*

Espíritu Santo, y usted sabe que el Espíritu que está en mí está en él, en ella, y por lo tanto encuentra la comunión del Espíritu Santo que los ata juntos en una nueva comunidad en un nuevo cuerpo, el cuerpo de Cristo, su rebaño, su familia.

LOS OTROS PACTOS – continuados

Note el patrón	– internacional y nacional
NOÉTICO	– Mt 5:45b
ABRAHÁMICO	– Lc 1:54, 72 Mt 22:32 Heb 6:13-20
DAVÍDICO	– Lc 1:32; Hch 13:34; Ro 1:3; Jn 7:42; Hch 15:16; "Hijo de David" – Mr 11:10; Mt 12:23; 21:9, 15; 22:42; Ap 3:7; 5:5; 22:16
EL "ANTIGUO" PACTO	– cancelado
MOSAICO	"antiguo" – Heb 8:6 obsoleto – Heb 8:13 vs. mosaico – Jn 1:17; Ro 10:4-11; Gá 4:21-31 muertos a la ley – Ro 7:4 temporal – Gá 3:23-25

8

¿Y QUÉ PASA CON LOS OTROS?

Entonces, ¿qué ocurre con los otros pactos, ahora que tenemos un nuevo pacto? Demasiados cristianos piensan que el nuevo pacto queda solo y todos los demás han sido dejados atrás y pueden ser olvidados. Lejos de ello. Recorrámoslos nuevamente.

Como hemos visto, el pacto *noético* aún está vigente. Fue hecho con *toda la raza humana*. Fue la promesa de Dios de mantener las estaciones funcionando y para asegurar que la raza humana siempre tenga suficiente comida, proveyendo la luz y la humedad que producen todos nuestros alimentos. Dios ha guardado el pacto de Noé, y Jesús mismo se refirió a este pacto en el Sermón del Monte, cuando dijo: "Él hace que salga el sol sobre malos y buenos, y que llueva sobre justos e injustos" (Mateo 5:45). Dios dio un pacto *incondicional* a Noé de que mantendría las estaciones en funcionamiento y mantendría a la raza humana provista de alimentos, y él ha guardado ese pacto.

¿Y el pacto *abrahámico*? Como hemos visto, aun el Nuevo Testamento, en la carta a los Hebreos (6:13-18) hace énfasis en que cuando Dios hizo un pacto con Abraham, hizo un juramento de que lo guardaría. Dios no puede decir: "Por Dios, cumpliré con mi palabra", pero puede decir: "Por mí juro". Dios hizo eso con Abraham. Además, lo selló con sangre y la muerte de un animal. Dios y Abraham caminaron entre las mitades de los animales juntos. Fue un pacto muy serio.

"Por lo tanto", dice la carta a los Hebreos, en el Nuevo Testamento, "el pacto de Dios con Abraham aún opera y se mantiene". La principal cosa que incluía ese pacto para Abraham y sus descendientes era la Tierra Prometida, en Oriente Próximo. Por lo tanto, yo soy de los que creen sinceramente y con convicción que el principal factor en Oriente Próximo es que Dios dio la tierra al pueblo judío para siempre, pero los políticos no lo toman en cuenta. Discuten todos los demás temas, excepto el regalo de Dios, en la situación del Oriente Próximo.

Así que el pacto abrahámico aún está en vigencia y, cuando nació Jesús, María se regocijó de que Dios hubiera recordado su pacto con Abraham. Reconoció que, cuando vino Jesús, lo hizo para respaldar el pacto abrahámico (ver Lucas 1:54ss, 72ss; Mateo 22:32; Hebreos 6:13-20).

¿Qué pasa con el *pacto davídico* ahora, la promesa de que un día un hijo de David se sentaría en el trono? Anteriormente mencioné los dos anillos que uso, ambos inscritos con el nombre "David" en hebreo. Esto me recuerda el pacto davídico mediante el cual Dios prometió que un día un hijo de David se sentaría en el trono de Israel para siempre. Sabemos quién es esa persona. Estoy esperando ansiosamente el día cuando Jesús restaure el reino a Israel y se siente en el trono de David. Ocurrirá porque Dios dijo que ocurriría (ver Lucas 1:32ss; Hechos 13:34; Romanos 1:3; Juan 7:42; Hechos 15:16).

De modo que esos pactos aún están en vigencia. Aún son válidos, y aún podemos confiar en ellos. Pero hay un pacto que no opera para los cristianos, y ese es *el pacto de Moisés*. Incluye la ley de Moisés, que no es una, sino 613 leyes que podemos encontrar en los libros de Éxodo, Levítico y Deuteronomio. Si estuviéramos todavía bajo ese pacto tendríamos que guardar todas esas leyes. Aún no encontré un judío que haya logrado guardarlos a todos, y mucho menos un gentil.

No guardarlos todos es estar bajo la maldición de Dios. Anteriormente, reflexionamos sobre la razón por la que los judíos han sido bendecidos más que ninguna otra nación, y malditos más que ninguna otra nación. Dios ha guardado su promesa de bendecirlos si guardaban la ley y de maldecirlos si no lo hacían. *Esa es la ley mosaica, pero ya no nos encontramos bajo esa ley.* En realidad, es un alivio saber que el viejo pacto ha sido reemplazado por el nuevo, y que la ley mosaica ha cesado (ver Juan 1:17; Romanos 7:4; 10:4-11; Gálatas 3:23-25; 4:21-31; Hebreos 8:6, 13).

A esta altura será útil recordar el concilio que se reunió en Jerusalén para decidir qué hacer acerca de la primera importante controversia en la iglesia primitiva (léalo en Hechos 15). El tema era la circuncisión, pero detrás de esto estaba la cuestión de si los gentiles que habían sido traídos a la fe en Jesús, el Mesías judío (en griego, "Cristo"), debían convertirse en judíos, siendo circuncidados (solo los hombres, por supuesto).

Pablo luchó vehementemente contra esta idea, principalmente en base de que los obligaría a guardar toda la legislación mosaica (Gálatas 5:3). Dios quiere salvar a los gentiles sin llevarlos a esta clase de esclavitud, y mucho menos a la maldición sobre todos los que no obedecen en su totalidad. Pedro acudió a la ayuda de Pablo informando cómo Dios había aceptado a Cornelio. Santiago, el hermano de Jesús, que presidía el debate, lo resumió liberando a los gentiles de cualquiera de estas cargas y escribió una carta en la que les pedía que consideraran los escrúpulos sensibles de cualquier miembro judío en sus comunidades.

Desde entonces, las iglesias han sido renuentes a aplicar esta reglamentación de manera consistente. Algunos eruditos cristianos dividieron la legislación mosaica en diferentes categorías —ceremonial, civil y moral, por ejemplo— pasando por alto el hecho de que no se encuentran divididos así en el texto original, sino que claramente son presentados como un todo integrado. Luego dicen que los requisitos morales aún se aplican, mientras ignoran convenientemente las sanciones correspondientes (en especial la pena de muerte por más de una docena de fallas; ej: adulterio).

Esto explica por qué los Diez Mandamientos han aparecido en las paredes y las ventanas de muchos edificios de iglesia y han sido recitados en sus liturgias. Pero ha habido vestigios más serios del pacto mosaico en la vida de iglesia.

Uno de los más dañinos ha sido perpetuar la división entre sacerdotes y pueblo, consagrado en la arquitectura de la tienda del tabernáculo y luego el templo. La distinción entre "clérigos" profesionales y "laicos" aficionados, y la transición de uno a otro a través de la ordenación ha arruinado a muchas, si no la mayoría, de las estructuras eclesiásticas. Los Reformadores redescubrieron el sacerdocio de todos los creyentes, pero no lo aplicaron de manera consistente a su ministerio.

Otro fue intentar establecer la teocracia de Israel, que era una entidad tanto política como religiosa, de ahí su mezcla de leyes civiles y ceremoniales. Esto ha producido confusión en las relaciones entre estado e iglesia, con estados-iglesia (desde Ginebra a Roma) a iglesias del estado (establecidas por ley). Ambas se están desintegrando hoy.

El bautismo de bebés está justificado por una apelación al "antiguo" pacto, que incluía a los hijos de padres que ya estaban en él, confirmado por la circuncisión. Esto fue reforzado por las iglesias del estado, que difícilmente podría rechazar el bautismo de los hijos de buenos ciudadanos.

El día de reposo (sábado) fue cambiado al domingo (el día de la resurrección) por la propia autoridad de la iglesia, pero seguía considerando que era el cumplimiento del cuarto mandamiento, un día de descanso sagrado. Algunos cuerpos eclesiásticos aún insisten en guardar el sábado, como los Adventistas del Séptimo Día y la Congregación de Yavé. Del mismo modo, la iglesia guardó los principales festivales judíos (Pascua, Pentecostés y Tabernáculos), pero cambió la fecha de los dos primeros, de un calendario lunar a un calendario solar, y pasó por alto completamente el tercero, transfiriendo el nacimiento de Jesús a la fiesta pagana de mediados de invierno, que se convirtió en Navidad.

Por razones obvias, muchas iglesias retuvieron el equivalente mosaico de dar una décima parte (o diezmo) de los ingresos personales a las autoridades. Hay colecturías que han sobrevivido que dan testimonio de los días en que el diezmo era pagado en especie. Sorprendentemente, muchas comunidades formadas recientemente lo convierten en una condición para la membresía, con lo que se aseguran ingresos estables. Pero una décima parte puede ser demasiado para ciertos creyentes (¿madres solteras?) y escaso para muchos. El Nuevo Testamento ha reemplazado este impuesto judío con ofrendas: sacrificadas, regulares, generosas, proporcionales y voluntarias ("alegre" significa que el Señor solo quiere lo que nosotros queremos dar, ¡pero toma nota de lo que nos guardamos!).

Con la mayoría de los que propician aplicar la ley mosaica a los cristianos parece haber una actitud de "escoge y combina", una selección altamente subjetiva de qué cosas pueden ser transferidas al "nuevo" pacto. En realidad, la Biblia misma repite algunas de las leyes antiguas, y estas deben ser aceptadas por los creyentes. Por ejemplo, nueve de los diez mandamientos son respaldados de esta forma (no el cuarto; ver Romanos 14:5-8, Colosenses 2:16). Por cierto, algunos de ellos son definidos en términos aún más estrictos. "No matarás" prohíbe el desprecio y el odio. "No cometerás adulterio" incluye miradas lascivas y aun el nuevo matrimonio luego de un divorcio (Mateo 5:21-32).

De hecho, ¡hay *más* mandatos imperativos en el "nuevo" pacto que en el "antiguo" (más de 1100 comparado con más de 600)! El cristiano podrá no estar "bajo la ley" de Moisés, pero eso no significa que no está bajo ninguna ley. Esta es la herejía del "antinomianismo" (de "anti" = contra y "nomos" = ley, en griego). Estos herejes dicen que solo necesitamos la presencia y la guía del Espíritu Santo para guardar todas las leyes de Dios, o que el amor que él derramó en nuestros corazones cumplirá la ley. Esto ha llevado a la "ética situacional", en la que el amor es el único y absoluto principio. Otra característica es un énfasis excesivo en la gracia.

¿Qué decimos ante estos argumentos? Primero, es una crítica al Espíritu Santo, que inspiró tantas exhortaciones éticas en el Nuevo Testamento (¡qué desperdicio de papel!). Segundo, es una crítica a Jesús mismo, que ordenó a sus discípulos que hicieran discípulos, "enseñándoles a obedecer todo lo que les he mandado a ustedes" (Mateo 28:20). Tercero, y lo más significativo, niega la influencia continua del "viejo hombre", la carne, después de haberse convertido en un "nuevo hombre", el espíritu. Los hábitos y recuerdos todavía pueden arrastrarnos de vuelta al estilo de vida anterior. Esto explica la paradoja de la enseñanza del Nuevo Testamento. El viejo hombre está muerto, pero no quiere acostarse, así que hay que matarlo. Tenemos que desvestirnos del estilo de vida viejo y vestirnos del nuevo, porque hemos sido crucificados con Cristo y resucitados con él a novedad de vida. La apelación moral puede resumirse así: "Conviértase en lo que ya es".

Jesús y sus apóstoles estaban convencidos de que sus "discípulos" necesitarían mandamientos claros por los cuales vivir. De ahí la necesidad de acompañar la predicación (lo que Dios ha hecho por nosotros) con la enseñanza (lo que nosotros deberíamos hacer para él). Puede ser llamada "la ley de Cristo" y "la ley real". Ambos títulos la distinguen de la ley de Moisés. Hay un motivo diferente ("Si obedecen mis mandamientos, permanecerán en mi amor; Juan 15:10). Sobre todo, el nuevo pacto ofrece tanto el poder como el deseo de obedecer. Así que es llamada también "la ley de la libertad".

Para decirlo de otra forma, ¡hay suficientes leyes como para preocuparse en el nuevo pacto como para no agregar unos cientos más del antiguo! Cualquiera de los dos es lo suficientemente formidable sin el otro. Hay un libro tragicómico de un periodista estadounidense, judío y agnóstico, que intentó guardar ambos pactos durante solo doce meses (*The Year of Living Biblically*, por A. J. Jacobs, publicado por Arrow Books). Sus esfuerzos fueron minuciosos y completamente sinceros. Significativamente, encontró que los "nuevos" imperativos eran más difíciles que los "viejos". Nunca descubrió el secreto (la salvación) de los primeros, y terminó dándose por vencido como un "agnóstico reverente". ¡Todos los que intentan guardar las leyes divinas con su propia fuerza deberían leer las hilarantes desventuras, suficientes como para desanimarlo de por vida!

Para finalizar, hay dos tendencias recientes adicionales que exigen un comentario, ambas relacionadas con el restablecimiento del estado de Israel en 1948; el resurgimiento de grandes cantidades de sionistas cristianos y los judíos mesiánicos.

Los cristianos que estaban convencidos de que Dios cumpliría su promesa de llevar a los judíos de vuelta a su propia tierra jugaron un papel importante en su regreso, a partir de mediados del siglo XVIII. No había muchos, y la mayoría estaba en la Iglesia de Inglaterra. Desde su reaparición en el mapa político, la cantidad de seguidores solidarios en la iglesia mundial ha crecido a millones, representados por miles que asisten a la celebración anual de la fiesta de Tabernáculos, organizada por International Christian Embassy. Sin embargo, algunos de estos apreciados amigos de Israel han permitido que su recién descubierto amor por el país se convierta en una obsesión. Parecen haber olvidado que Dios ama a los gentiles como gentiles, y que la iglesia primitiva estaba en lo correcto cuando se rehusó a insistir en que se volvieran judíos a fin de pertenecer al pueblo de Dios. Así que se comportan cada vez más como si no fueran gentiles, sino judíos. Encienden velas los viernes a la noche, cantan canciones de alabanza hebreas el sábado a la mañana con música y danzas israelíes, y en especial guardan (religiosamente) las fiestas anuales descritas en la Torá, particularmente Levítico. ¡Hasta ahora han trazado la raya en adoptar la circuncisión! Pero ¿quién sabe dónde terminará todo?

Es posible que crean sinceramente que están ayudando a edificar esa "nueva humanidad" en Cristo Jesús. Pero algunas de sus excentricidades atraen legítimamente la burla y aun el desprecio de judíos escépticos. Lo más preocupante es que están introduciendo una cuña en la rama gentil de la familia de Dios, aun excluyéndose de ella. Sobre todo, corren peligro de ponerse el manto de los judaizantes que tanto hicieron para socavar los esfuerzos misioneros de Pablo.

Ciertamente Pablo estaba dispuesto a adoptar una conducta judía a fin de evangelizar a otros judíos, aun al punto de circuncidar a su colega Timoteo, pero preservó celosamente a sus conversos gentiles de convertirse en judíos por cualquier otra razón (lo que denominó "otro evangelio"). Él sabía lo peligroso que podía ser, habiendo conocido el pacto mosaico desde adentro. Sabía que, en sí mismo, la ley era "santa, justa y buena", debido al Dios que la había hecho para su pueblo, pero para los gentiles era una mala noticia.

Lo que nos lleva al segundo grupo, los judíos mesiánicos. Siempre ha habido un "remanente fiel", a lo largo de los dos mil años de historia de la iglesia. Pero el número ha sido pequeño y han sido presionados para que renuncien a sus raíces judías y se conviertan en "cristianos" (una palabra acuñada para describir a creyentes gentiles en el Mesías judío) gentiles. Desde 1948 ha habido un aumento asombroso de creyentes judíos (denominados de diversas maneras: judíos "verdaderos", "completos" o mayormente "mesiánicos"), tanto en la nación como entre los judíos dispersos entre otras naciones (alrededor de 50%). El total, al momento de escribir, se estima en 50.000, con unos 15.000 de estos en Israel mismo. La cantidad creciente de estas personas ha posibilitado el surgimiento de comunidades que se reúnen localmente. Por primera vez desde el primer siglo d.C. hay ahora asambleas mesiánicas o "iglesias judías". Este es el gran dato nuevo en la escena ecuménica, pero a las denominaciones tradicionales les está llevando tiempo darse cuenta de esto. La principal pregunta que enfrentan estos grupos es cuánto incluir de la Torá en su constitución y disciplina (la "Torá", para ellos, son los cinco primeros libros de la Biblia, aunque solo cuatro cubren la ley mosaica). Este es el tema principal en sus debates, y hay un amplio espectro de opiniones entre ellos, que podría amenazar su unidad. ¿Deberían sus principales cultos realizarse el día sábado (la mayoría está de acuerdo)? ¿Deberían sus miembros estar limitados a judíos étnicos (algunos están de acuerdo)? ¿Debería ser el hebreo su idioma exclusivo (algunos están de acuerdo, pero las asambleas en la Diáspora por lo general usan idiomas autóctonos adicionales)?

Tal vez la cosa más importante que debemos decir es que su salvación eterna no se ve afectada de ninguna manera por lo mucho o lo poco que guarden la ley mosaica. El nuevo pacto, que fue hecho originalmente para ellos, también fue ideado para *reemplazar* el pacto hecho con Moisés en Sinaí (Jeremías 31:30-32). Existe, incluso, el peligro de guardar la ley de Moisés si se considera que establecerá una justicia ante Dios que es un sustituto adecuado de la justicia divina ofrecida a través del Mesías (Romanos 10:1-13).

En otras palabras, que un creyente judío guarde algo, parte o toda la legislación mosaica es completamente una cuestión de preferencia personal, una elección voluntaria. Sin embargo, hay razones sólidas para retener gran parte de la cultura judía luego de llegar a la fe, principalmente para mantener las relaciones con familiares, amigos y compañeros, sin perder la esperanza de ayudarlos a compartir la verdadera libertad del nuevo pacto, la libertad para no pecar. Esto significa identificarse por el bien de la evangelización.

Por lo tanto, ha habido una inversión profunda desde los días del concilio de Jerusalén (en Hechos 15). En ese tiempo, el tema era si había que aceptar a los creyentes gentiles sin que se convirtieran en judíos. ¡Ahora la iglesia debe decidir si debe aceptar a creyentes judíos sin que se conviertan en gentiles! Y quedan muchas más preguntas prácticas acerca de las relaciones entre iglesias gentiles y judías. ¿Cómo demuestran su unidad en Cristo (Mesías)? ¿A través de ministros y miembros intercambiables?

La cuestión de la circuncisión toma una nueva dimensión. ¿Deberían los creyentes mesiánicos circuncidar a sus bebés varones? ¿Los obligaría esto a guardar toda la "ley", como dijo Pablo que haría para los gentiles?

Lo primero que hay que señalar es que la circuncisión era parte del pacto abrahámico (Génesis 17:10-14), no del mosaico. Y, como hemos visto, este pacto está respaldado por el nuevo pacto, y continúa al lado de él.

Por lo tanto, la circuncisión de un varón judío lo identifica como un descendiente físico de Abraham (los gentiles cristianos son solo descendientes espirituales, y comparten su fe, pero no su carne). Por la misma razón, tiene derecho a las bendiciones físicas prometidas a las múltiples simientes (hijos) del patriarca, principalmente la "tierra" en Oriente Próximo, cuyas fronteras están claramente definidas por Dios mismo, su dueño y terrateniente último (Génesis 15:18-21).

Jesús mismo creía que la identidad étnica de la nación de Israel persistiría hasta que la tierra misma desapareciera, como había predicho el profeta Jeremías (Jeremías 31:35-36, el mismo capítulo en que el nuevo pacto fue anunciado para *ellos*). Prometió a los doce apóstoles que se sentarían en doce tronos, juzgando a las doce tribus de Israel (Mateo 19:28; Lucas 22:30). Para quienes creen que Jesús volverá a gobernar las naciones, tanto su propia como la de los otros, la promesa está relacionada claramente con el reino milenario que precederá la desaparición de esta tierra presente (la visión "premilenaria" de su segunda venida). Dicho sea de paso, esta seguridad de una responsabilidad futura significa que no hay tribus "perdidas" para el Señor.

Más allá de esto estará la consumación de un rebaño bajo un pastor en un redil (Juan 10:16). Durante toda la eternidad un hombre nuevo vivirá en un cielo nuevo y tierra con una nueva ciudad capital, si bien con un nombre judío (Jerusalén) y veinticuatro nombres judíos inscritos en sus puertas (las doce tribus) y fundamentos (los doce apóstoles), representando a toda la historia bíblica del pueblo de Dios. Y Dios mismo cambiará su domicilio, del cielo a la tierra y, para asombro de los ángeles, vivirá con seres humanos (Apocalipsis 21:3). Después de todo, este era su objetivo detrás de cada pacto que hizo.